【文庫クセジュ】

思想家たちの100の名言

ロランス・ドヴィレール著
久保田剛史訳

白水社

従姉妹に捧ぐ

まえがき

「文体は人間そのものである」（Le style est l'homme même）、とビュフォン〔一七〇七〜一七八八、フランスの博物学者〕は一七五三年のアカデミー・フランセーズの入会演説で述べた。哲学者にそれぞれの文体があるということは、忘れられ、あるいは無視されてきた事実である。それどころか、厳密な思考を目指すためには美辞麗句を排さなければならない、とさえ思われている。言説を確固たるものにし、科学性を気取るのであれば、言説を美しく飾り立ててはならない。客観性と中立性は同じものであり、文体をもつということは、よく思考することではなく、見栄えをよくすることでしかないからだ。さらに哲学には、この二つ〔文体と思考〕のいずれかを選択する余地もない。哲学は、フィクションでも物語でもないのだから、この二つのジャンルの技巧——登場人物、ストーリー、話題のすりかえ、撞着語法〔「無知の知」のように、たがいに矛盾する表現を含んだ語法〕、曖昧語法〔いくつかの意味に解釈できる語法〕、隠喩、さまざまな時制の組み合わせ、対話、描写など——を用いてはならない。哲学者たちの文章のなかに、対話や描写、大げさな表現や矛盾が見られるならば、それはまさしく哲学の地位が脅かされているおそれがある、ということになる。それゆえに、モンテーニュやパスカル——哲学史において彼らになんらかの役割を与えるという点では見解が一致しているにせよ――を哲学の文献に含めるべきかどうか、というためらいが生じる。論証するということは、相手の心をとらえることでもなければ、なにかを物語ることでもなく、ましてや相手を笑わせたり泣かせたりすることでもない。私が本書で思想家たちの一〇〇の名言を取りあげ、それらに解説を加えることで示そうとするのは、まさにこうした意見と正反対のことである。哲学を読むことは、ひとつの美的体験なのであり、楽しみや感動を与えてくれるものである。デカルトも、ヘーゲルも、プラトンも、みな美文家なのだ。彼らの思想の独自性や、その意義さえもが、選び抜かれた表現に由来している。真理を述べるということは、真理を巧みに述べることに相反するわけではない。

哲学者たちは、概念の考案者であるだけでなく、誘惑者でも扇動者でもあり、うそつきでも物語作家でもあり、つまりは文体をもった人間である。そのため、彼らはときに、首尾一貫した思想よりも言葉遊びに終始することもある。一部の哲学者たち、とはいってもおそらく一流の哲学者ではないだろうが、こうした哲学者たちにとって、言語とは、それ自体で存在するもの、まさに「機知に富んだ言葉」の戯れのように、ひとつの閉じられた知的迷路において、次々と別の言葉を呼び起こすもの、とされている。とはいえ、文体をもつことは、事物のありさまを解き明かすことや、不可欠なものであれ、目立たないものであれ、過酷なものであれ、現実世界を明るみにすることから免れてはいない。哲学者が考えだすものは現実世界ではなく、現実世界を再現するための方法である。したがって、哲学者の思考は、形式主義と叙述、論証と物語とのあいだで揺れる。哲学はその起源から、詭弁との区別をつけてきたが、この区別は、哲学が——たとえ真理が存在しないと主張するためであれ——真理を前提とする点、また、真理も虚偽も分け隔てなく相手を説き伏せるための、空疎で扇動的な技法をしりぞける点にある。一方で哲学は、事物のありさまを人びとに理解してもらうために、あらゆる可能な手法を用いて挑発しようとする。哲学はそのために論敵を打ち負かすことさえする。というのも、あらゆる哲学者は、たがいに呼応しあっているからである——たとえ相手の作品を読んでいないにしても。

哲学は生気に欠けた学校教育的な学問ではない。哲学が教師や大学生のものとなったのは、ごく最近のことである。でもそれなら、哲学を読んだり理解したり（そして解説したり）するのが、なぜこれほど困難なのであろうか。哲学の言語は日常の言語と同じものであり、数学や医学とは異なり、それ自身に固有の言語をもたない。哲学はしばしば近づきがたいものと思われているが、たえず「常識」に訴えるものであり、だれもが調べて確かめられることがらにもとづいている。おそらくこれは、われわれが先ほど述べたような、意味のない言葉のはたらきを避けるためであろう。

なにしろ、事物とは複雑なものではなく、だからといって、けっして直観的なものでもない。明白だと思われているものは、よく考えてみないかぎり明白ではないのである。哲学は「それはもともとそうなのだ」という考えがまかり通ることを拒む。自明なものは、哲学者にとっては自明でない。明白だとされるものにたどりつくには、長きにわたる、苦痛と忍耐をともなう概念化の作業が必要となる。直観的なものはなにもなく、いっさいは思考の結果なのである。しかしながら、哲学者たちがシンプルな表現のなかに、自分たちの最良の思想をしまい込むことに変わりはない。私が本書において選んだ一〇〇の名言は、ギリシア、イタリア、フランス、シュトゥットガルト、コルドバなど、さまざまな地方の思想家たちによる、紀元前六世紀頃から今日にいたるまでの名言である。これらの名言のうちには、非常に有名なものもあれば、思想家自体が広く読まれ研究されていないために、比較的知られていないものもある。しかし、これらの名言の多くが意表をつく挑発的なものである。いずれの名言も素晴らしく、文体が感じとられるものであり、ドゥルーズの見解を用いるならば、「オペラとしての哲学」(1)を体現している。

本書における解説は、哲学はたえずシンプルに語ろうとしているのだ、という点を理解してもらうことを目的としている。哲学と人生を対比させたうえで、苦悩や喜びの入り混じった人生の雑多なありさま、すなわち人生の具体的なありさまを扱う権利を、哲学から奪いとるのは正しくない。哲学のなかに人生があるのと同じように、人生のなかにも哲学があるのだ。ただし、具体的なものがもっとも本質的なものではなく、反論不可能とされている事実よりも、形而上学的な抽象概念のなかに多くの確実性があることを認める必要がある。天地には哲学が想像するよりも多くのことがある。しかし、ほんの少しでも明瞭で的確な言葉があれば、世界全体を包括することができるのだ。

あるとき、私の哲学を理解可能な言葉で説明してほしいと言った婦人に対して、私は次のように答えることが得策だと思いました。「奥さん、私が申し上げたのは、時間とは実在的なものであり、時間は空間ではないということです〔…〕」。私はこの手の哲学的な要約を訓練することが、たいへん有益だと思っています。それは、シンプルで示唆的な表現によって、ある教説や思想体系を生みだす直観を暴きだし、的確にとらえることを余儀なくさせます。こうした訓練が、学校教育においてより広く実践されていないのが残念でなりません。（アンリ・ベルクソン「ジル・ドゥルーズへの手紙」、エリー・デューリングによるモンタージュ、『クリティック』誌七三二号、二〇〇八年）

（1）ドゥルーズ「レダ・ベンスマイアへの手紙（スピノザについて）」『記号と事件』、宮林寛訳、河出文庫、三三三頁〔訳注〕

目次

100の名言目次

凡例

一、原著の引用符《 》は「 」で表記する。（ ）はそのまま表示する。

一、本文中の〔 〕は訳者による補足を示す。［ ］は著者による挿入を示す。

一、人物の生没年について、原著の記載に誤りや疑義がある場合には、『岩波世界人名辞典』（岩波書店、二〇一三年）をもとに訂正した。また、原著刊行（初版二〇一五年）以降に死去した人物については、没年を加えた。

一、原著の脚注および訳注は、洋数字の番号をつけて各節の末尾に置いた。

一、原著において出典が明記されていない引用文については、さまざまな文献を渉猟したうえで、日本語訳のあるものは書誌情報と頁数を訳注に記した。なお、これらの引用文には、日本語訳の訳文と若干異なるものもあるが、逐一明示することはしない。

一、巻末の人名索引については、原著の索引に記載されていない人名も加えて拡充した。

「ひとは同じ川に二度入ることはできない[1]」

ヘラクレイトス（前五四〇頃〜前四八〇頃）

すべては不変でありながらも変化している。川には新しい水がたえず流れてくるから、つねに同じままの川は存在しない。現実世界は不断の変転から成り立っており、こうした変転がなければ、すべては調和を失い、消滅するであろう。時間とは、「子どもが将棋の駒を動かして遊ぶ[2]」ようなものであり、前進と後退をくり返す。万物の調和を生みだすものは、運動と矛盾と対立であるが、人間は全体の結びつきを把握しようとはせず、事物を一面的にしか見ない。そして流転と変容のなかにアイデンティティを見いだしている。したがって、万物の原理をなすのは戦い（*polemos*）であり、戦いこそが万物に存在をもたらし、事物の状態を支えているのだ。この思想はのちにヘーゲルに多大な影響を与え、「ヘラクレイトスの命題のうちで、私が取り入れなかったものはひとつもない[3]」とまで言わしめている。

(1) *Fragments*, Pars, Aubier, 1985, p. 116.〔「ヘラクレイトス」B九一、『ソクラテス以前哲学者断片集』第Ⅰ分冊、内山勝利ほか訳、岩波書店、三三五頁〕
(2) 同書、「ヘラクレイトス」B五二、三二四頁〔訳注〕
(3) ヘーゲル『哲学史講義』第一部D、長谷川宏訳、河出文庫、三七五頁〔訳注〕

＊＊＊

「汝自身を知れ」(1)

ソクラテス〔前四六九〜前三九九〕

デルフォイの神殿の正門に刻まれたこの言葉は、おのれの限界を受け入れよという意味ではなく、自己の内面にある神的なものを認識せよ、と働きかけるものである。われわれは、自分のうちにある最善のもの、すなわち、自分の行為を統率すべき唯一のものである魂もしくは理性に、われわれ自身を合致させなければならない。人間は、魂もしくは理性のおかげで神の性質を有するのであり、魂もしくは理性による節制の徳を通して、神の性質にあずかるのである。やがてプロティノスは、ソクラテスの晩年の弟子プラトンの教えを引き継いで、次のように述べる。「神々の生活とは、そして人間のうちでも神々のごとき、幸福なる人たちの生活とは、このようなものである。すなわち、この世のいっさいから解脱し、この世の快楽をかえりみぬ生活であり、自分ひとりになって、ただ一者のみを目指して逃れゆく生活である」(『エネアデス』第六論集第九論文第一一章)。そして自己を律する者だけが、みずからを国家の統治者と称することができるのだ。こうして自己認識は、理性の働きにより、人間を死せる神にならしめるとともに、市民にも仕立てあげる。

(1) *Alcibiade*, 124b.〔プラトン「アルキビアデス」一二四b、『プラトン全集』第四巻、山本光雄訳、角川書店、五九頁〕

＊　＊　＊

「だれしも好んで悪人になる者はいない(1)」

ソクラテス(前四六九〜前三九九)

理性は身体を統御するだけでなく、魂全体にも命令を下して、情欲などの欲求や衝動、すなわち理性に抗《あらが》ういっさいの欲望を抑制しなければならない。しかし欲望とは、もっとも「獣的な」欲望であるとしても、善への希求にほかならない。われわれは、善の定義を誤ることがあるにせよ、善なるものしか望むことができない。悪は、その悪しき意図から生じるのではなく、無知から生じる。つまり悪人が望んでいるものは、彼がおこなう行動とは別のものなのだ。もし悪人が本当に善なるものを知っているならば、彼の魂がいかに堕落していたとしても、自分の行動を悔やむことだろう。したがって、実践が理論に結びつき、行動が理性、すなわち善への希求にかなうように、統治者や市民にしかるべき教育を施すのは、哲学者の役割なのである。

意志に関する真の教えは、ソクラテスには（そしてプラトンにも）見られない。彼らの教えは、つねに善への希求となる欲望について議論したものにすぎず、自発的行為と理性は区別されていない。意志がそれ自体の概念として現われるのは、ストア派から、そしてとりわけ、それに続くアウグスティヌスからであり、意志は自由な裁量、すなわち善にも悪にも関係のない行為選択と解されることになる。

（1） *Gorgias*, 480d.〔プラトン「ゴルギアス」五〇九e、『プラトン全集』第五巻、内藤純郎訳、角川書店、二五九頁〕

＊　＊　＊

「不正をおかすことは、
不正を加えられることよりも害悪である」(1)

プラトン〔前四二七〜前三四七〕

哲学するときには、広く受け入れられた意見に逆らうことが求められる。だからこそ、不正をおかすことは、不正に苦しむことよりも害が大きいと主張すべきなのである。というのも、重要な問題は、いかなる人生が生きるに値するのかを明らかにすることだからだ。それは、ただ欲望の命令だけに従う放埒な人生なのか。あるいは、国の法律や慣習に反してまで、自分の欲することをなすことが自由だと考える人生なのか。ソクラテスは問答法、すなわち「鉄と鋼の論理」(2)を用いて、それぞれの議論をしっかりとつなぎ合わせる。そして、不正は人間の魂を病気のように汚すのだから、不正をおかすよりも不正に苦しむほうに、より多くの幸福がある、ということを示す。

対話者カリクレスだけは、ソクラテスに言いこめられまいとして、礼節〔法律習慣〕を公然とさげすみ、礼節こそは内心の考えを押し黙らせる社会的な恥辱だと言ってのける。そして幸福とはむしろ、みずからの欲望を思う存分に満たすことなのだと主張する。するとソクラテスは、幸福であることは、ある種のむずがゆしさと同じようなものになるだろう、と反論を投げかける。「では、この点について答えてもらいたい。ひとが疥癬《かいせん》にかかり、掻きたくてたまらず〔…〕、〔その欲望を満たすために〕掻き続けながら一生をすごすとしたら、その人の人生はそれで幸福だと言えるのだろうか」(3)。カリクレスは、幸福を疥癬《かいせん》病みの搔きむしりと同一視する突拍子もない発言に気を悪くしながらも、あらゆる快楽は善いものであると主張していた以上、自己矛盾におちいることになる。カリクレスの極端さはソクラテスのそれに匹敵するものではない。なにしろソクラテスは、みずからの言動と一致したままであるからだ。

実際のところ、不正をおかす人物は、彼が不正を加える人物よりも、いっそう苦しむものだ。したがって、行為の正しさに関する基準を、自分のふるまいを鏡で直視できるか否かという点に置いた、ある種の倫理的ナルシシズムが存在するのかもしれない。

（1）*Gorgias*, 473b.〔プラトン「ゴルギアス」四七三a、『プラトン全集』第五巻、内藤純郎訳、角川書店、一六八頁〕
（2）同書、五〇九a〔訳注〕
（3）同書、四九四c〔訳注〕

＊　＊　＊

「肉体（*sōma*）は魂（*sēma*）の墓場である」(1)

プラトン（前四二七〜前三四七）

真理は永遠不変であるが、人間は死すべき運命にある。われわれはいかにして、われわれ自身の方法によって真理の認識にたどりつくことができるのか。プラトンの答えは、魂と肉体を完全に区分することからなる。われわれは魂によって、しかも魂のみを通して、永遠にあずかるのであり、真理にたどりつくのである。したがって、哲学することは肉体をかえりみず、感覚的欲望を捨て去ることを必要とする。魂にとって人生とは、放浪生活のようなものである。そして、洞窟の寓話（『国家』第七巻、五一四a）が示すように、魂は、もうひとつの放浪生活において故郷をふたたび見いだし、諸々の感覚的事象をしりぞけ、それらを乗り越えるのである。感覚的認識にもとづいて知を築くことは、真理が別の場所にあるということを知らずに、肉体という牢獄のなかで生きることである。真理を認識するには、感覚の誤りから脱し、魂の本来の場所であるイデアの世界、すなわち唯一の真なる実在の世界に近づかなければならない。プラトンが創設したアカデメイアの学園に、幾何学を知らない者がだれも入学できないのは、幾何学が魂を純粋な知性的認識に立ち戻らせるための第一歩となるからである。

〔プラトン以降の〕哲学は、感覚的認識の拒否に知の基盤をおく必要性をさらに強調するために、数学的な抽象概念のなかに哲学的実践のモデルや手引きをしばしば見いだすであろう。その結果、秩序も道理もない、つねに個別的で不完全なものである感覚をしりぞけ、判断力だけに真理を求めることになる。

（1）*Cratyle*, 400c. 〔プラトン「クラテュロス」四〇〇c、『プラトン全集』第一巻、戸塚七郎訳、角川書店、二九二頁〕

＊　＊　＊

「陽があたらないからどいてくれ(1)」

ディオゲネス（前四〇〇～前三二五）

この横柄で「シニカルな」言葉は、願い事をかなえてやろうというアレクサンドロス大王の申し出に、〔日光浴をしていた〕ディオゲネスが答えた返事である。狂ったソクラテスとも、乞食哲学者ともよばれるディオゲネスは、みずからを「犬」（ギリシア語で *kuōn*、キュニコス派の語源）と称していた。というのも彼は、推論するよりも攻撃するほうを好み、対話するよりも歯向かうことを求め、言動や皮肉、挑発によってあらゆるコンセンサスを非難し、論証や規範や価値観の代わりに風刺の自然さを重んじたからである。

自然は、文化や慣習の対立物とされるが、〔ディオゲネスにとっては〕事物の正しさや行為を判定する唯一の原則である。自然が命じるのは清貧の哲学である。というのも、「人間が考えたものは、どれもみな空しい思い上がりだ[2]」からである。そして自然が命じるのは赤裸の哲学である。というのも、文明が生みだしたものは、すべて変質しているからである。自然とは、〔キュニコス派の〕理論が要求することをほぼそのまま実践することにある。すなわち、自制心をもち、幻想を取りのぞき、矛盾を暴きだすことである。キュニコス派は、社会的関係であれ知的関係であれ、あらゆる関係性の基盤をくつがえす。なぜなら彼らは、推論の一貫性はもちろん、死者への配慮や近親相姦の禁止にいたるまで、さまざまな集団的規範に従うことを拒むのだから。文学においては、やがてボードレール〔一八二一～一八六七、フランスの詩人・評論家〕以降、良識の否定を通して、こうしたシニカルな態度が表明され、ついには文学そのものに異議が投げかけられるようになる。さらに、ディオゲネスによると、政治権力に対する哲学者の態度とは、権力にひそむ欺瞞を暴きだし、王様はつねに裸の存在だと叫ぶことにある、という点にも留意しよう。

（1）Diogène Laërce, *Vie, doctrines et sentences des philosophes illustres*, Paris, Flammarion, 1965, p. 18.〔ディオゲネス・ラエルティオス『ギリシア哲学者列伝』第六巻第二章三八、加来彰俊訳、岩波文庫、中巻、一四一頁〕

（2）同書、第六巻第三章八三、一八〇頁〔訳注〕

＊＊＊

「人生の究極目的とは快楽である(1)」

アリスティッポス（前四三五〜前三五五）

アリスティッポスは唯一の本当の快楽主義者《エピキュリアン》であるが、彼の哲学はエピクロスの思想とまったく関係がない。キュレネ派の創始者として、アリスティッポスは感覚的で肉体的な、目の前にある快楽を最高善とした。たとえ快楽の手段に悪いものがあろうとも、どんな快楽もそれ自体は善いものであるから、快楽にはいかなる序列もつけるべきではない。快楽は、過去の回想や未来の予想によって生じるのではなく、現在の瞬間において生じる。さらに、静止は生そのものに反するのだから、快楽は運動において生じる。したがって、幸福とは、無感覚にも似た心の平静さでもないし、個々の快楽を集め合わせたものでもない。幸福は束の間の感覚的な快楽だけにあるのだ。とはいえ、幸福な人間は、快楽に支配されることなく、快楽を利用し、自分の好みに合わせて快楽をとりかえたり、遠ざけたりすることができる。というのも、徳をなすものは禁欲ではなく、自主性なのだから。

（1） Cité par Diogène Laërce, *op. cit.*, p. 127. 〔ディオゲネス・ラエルティオス『ギリシア哲学者列伝』第二巻第八章八八、前掲訳書、上巻、一九〇頁〕

＊　＊　＊

「あらゆる学問は驚きからはじまる(1)」

アリストテレス〔前三八四〜前三二二〕

哲学者とは、他の人たちにとって問題にならないものを検討する人物である。哲学者にとって、自明なものは何もない――とりわけ、一見して自明とされているものについては。したがって、哲学するということは、未知のものをできるだけ未知の状態に保ったまま、それについて驚くことである。それとは逆に、無知とは、自分こそが知識があると信じ、すべてに返答できると思いこんでいる人たちに特有のものである。ところが、驚きの対象ですらなかったものに与えていた返答は、本当のことではない。そのような返答は、臆見すなわちドクサにとらわれたものである。デカルトも同じように、驚きとは、出来事に対してほとんど無抵抗のままでいることであり、明証性の条件であると主張している（『情念論』、一六四九年）。

（1）*Métaphysique*, 982 b, Paris, Vrin, 1991.〔アリストテレス『形而上学』九八二b、出隆訳、岩波文庫、上巻、二八頁〕

＊＊＊

「人間は生まれつき社会的《ポリティック》動物である」(1)

アリストテレス（前三八四〜前三二二）

社会は、約束事から生じるものでなく、いかなる訓練を必要とするものでもない。それは、人間生来の社交的な性質によって生じるものである。共同体の外で生活する者は、神であるか、さもなければ野獣であるにちがいない。人間は、家も家族もなく、規則もなければ、みずからの自然本性から離れることになり、ゲームからはぐれた駒のように、ほとんど無意味な存在となる。そのような人間は、みずからの欲求を充足することも、幸福を味わうこともできない。というのも、欲求の充足や幸福は、正義や友情といった社会的関係のなかでしか保証されないからだ。人間は、話す能力を与えられ、他人のため、そして他人とともに、有益なものや正しいものについて推論し発言する能力をそなえているがゆえに、社会的動物であると同時に道徳的動物でもある。言葉とは、議論を呼びおこしやすい性向をもっているから、おのずと政治的なものであるし、ひるがえして言えば、政治とはそもそも対話の場なのである。

実のところ、このような学説が、ねたみや強欲や怒りや裏切りといった非社会的な傾向を説明できないということは明らかである。しかしながら、こうした非社会的な傾向こそは、のちにカントが示すように、「非社交的な社交性[2]」、すなわち人間に固有かつ独自の社交性を定義するものであると思われる。

（1）*La Politique*, I, 2, Paris, Vrin, 1995.〔アリストテレス『政治学』一二五三a、山本光雄訳、岩波文庫、一九六一年、三五頁〕

（2）カント「世界市民という視点からみた普遍史の概念」第四命題、『啓蒙とは何か』、中山元訳、光文社古典新訳文庫、四〇頁〔訳注〕

＊　＊　＊

「質素な食事でも、それがもたらす快楽の量は、ぜいたくな食事と同じである[1]」

エピクロス（前三四一～前二七〇）

快楽主義者を「享楽家」という意味にとるならば、エピクロスは快楽主義者にあてはまらない。彼は享楽家とは反対に、質素さや、さらには禁欲にもとづいた快楽の養生法を説いた。そのため彼の思想には、肉体の称賛ではなく、肉体の否定が見られるほどである。とはいえ、快楽が幸福の基準であることには変わりなく、また快楽は、感覚であるがゆえに、おのずと肉体に結びついている。〔エピクロスにとって〕問題となる快楽は、充足感に満ちた快楽であり、欠乏感や渇望をともなった動的な快楽と対置される、静的な快楽である。というのも、幸福とは、なにかを欲求することではなく、欲望が満たされていることであり、幸福な生活とは、欲求から生じる苦しみであれ、肉体的苦痛であれ、希望や恐怖に対する苦悩であれ、いっさいの苦を感じないことであるからだ。幸福は、現在において経験され、このうえなく完全で充実した心の平静さ（*ataraxia*）と自己充足において享受されるものである。その点において、賢者は人びとのうちでも神のごとき人間なのである。賢者は、自然的であるがゆえに限りある欲望（飲むこと、食べること、哲学すること、友人に囲まれること）の充足だけを求め、自然的ではなく、不必要で限りない欲望（名誉、財産、裕福さ）をしりぞける。なぜならば、限りない欲望はあらゆるものを、生すなわち感覚にとっての唯一の時間である現在の外へと追いやるからだ。

この〔エピクロスの〕教えはのちに、たとえば十七世紀のジャンセニスムのように、見たところ快楽主義とはかけ離れた思想にも見いだされる。ポール・ロワイヤル修道院を拠点としたこの思想は、快楽を逃れようとする行為も含めて、われわれのいっさいの行為が、快楽という原動力から生じるとした。

エピクロスが唱える質素さは、知覚能力の精緻さや、快楽への調教など、動物との違いとなるものを人間から取りのぞくという点で、ある種の反人間中心主義として非難されるかもしれない。不安や恐れや希望は、いずれも快楽ではないものの、演劇や詩、さらには哲学といった精神的産物の材料となる（キケロ『善と悪の究極について』第二巻二四）。快楽の根底にあるものは、必要不可欠なものではなく、まさしく余分なものである——そして飲み食いすることだけが快楽ではないのだ。「自然が必要とするもの以外を禁じてみろ。そうすれば人間の生活は畜生同然となろう。われわれが生きるためには、ほんのわずかでさえ余分なものが必要だということに気づいているのか」（シェイクスピア『リア王』第二幕第四場）。

（1） *Lettres et Maximes*, Lettre à Ménécée, Paris, Puf, 2003, §131.〔エピクロス「メノイケウス宛の手紙」、『教説と手紙』、出隆・岩崎允胤訳、岩波文庫、七一頁〕

＊＊＊

「死はわれわれにとって何ものでもない(1)」

エピクロス（前三四一～前二七〇）

幸福は快楽のうちにあるという教えには、ありえないことへの願望や、神々への畏れや、死の恐怖など、苦しみや恐怖の原因となるものを正しく知る、ということも含まれる。神々は存在するけれど、それらはわれわれが思い描いているようなものではない。永遠不滅で至福のうちに生きる神々は、われわれの出来事にはかかわりをもたず、それゆえ善の原因でも、悪の原因でもない。死はわれわれにまったく関係のないものであるから、死について言うべきことは何もない。死が存在するときには、われわれはもはや存在しないのである。あらゆる快楽も、あらゆる苦痛も感覚に属する。だが、死は感覚の欠如を意味するのであるから、それは恐ろしいことでもないし、考えるべきことでさえない。幸福に生きるためには、不死である必要はない。むしろ、不死でありたいという願いを捨てることが必要なのだ。すべては感覚とともに始まり、感覚とともに終わるのだから、生はすべての始まりと終わりなのである。したがってわれわれは、こうした限界のうちに自己をおしとどめ、死のような存在しないものをしりぞけなければならない。そして、未来のようなまだ存在しないものは、われわれの力の及びうる範囲内にはあるが、まだわれわれのもとにはない、ということを理解しなければならない。それゆえ、われわれは恐れをしりぞけ、希望をはぐくむべきである。

のちにパスカルは、死がわれわれにまったく関係のないものではなく、死の恐怖はむしろわれわれの存在へのかかわり〔のあり方〕を決定づけるものであり、生を営むことは、われわれが死に向かいつつあることを忘れるための戦略にすぎない、と述べた。われわれの幸福の追求は、われわれの死という現実にぶつかる。だからこそ、われわれは、死という現実から逃れようとして、さまざまな快楽や関心事、気晴らしや妄想にふけるのである。

（1） *Ibid.*, §124-125.〔エピクロス「メノイケウス宛の手紙」、前掲訳書、六七頁〕

＊　＊　＊

「空の空。すべては空[1]」

「コヘレトの言葉」（「伝道者の書」）

聖書はさまざまな教義やシンボルの宝庫である。聖書に収められたすべての文書のうちで、もっとも多く引用され、もっとも多くの注釈を付されたものが「コヘレトの言葉」である。モンテーニュからベケット〔一九〇六～一九八九、アイルランド出身でフランスの劇作家・小説家〕、ルソーからロマン主義作家にいたるまで、さまざまな哲学者や作家、芸術家などがこの文書に着想を得ている。神なき人間の悲惨さを述べたこの文書は、永遠に続くものは何もなく、本当に大事なものは何もないということを表わしており、意味や道理を欠いた世界のむなしさを語った書として読むこともできる。なにひとつ満足させるものはなく、なにひとつ記憶に残るものもなく、いっさいはたえず揺れ動く風でしかない。あらゆるものに宿るこうした虚無感、いっさいの現実に跡を残すこうした悲痛は、十七世紀において、ヴァニタスという静物画のジャンルを生みだすことになる。ヴァニタスの絵画では、衰退や時の移ろいが、頭蓋骨、果実の上を飛ぶ蠅、しおれた花などによって喚起されている。ところで、こうした無常感や悲痛は、何度も聖書に現われるテーマである。ヤコブの「私の生きてきた年月はわずかで、いろいろな不幸がありました[2]」や、モーゼの「私たちの齢《よわい》は早く過ぎ去り、それは労苦と災いにすぎません[3]」や、ダビデの「人はしっかりと立ってはいても、すべてむなしいもの。ああ、人は影のように歩き回りますが、実にむなしいかぎりです。人は蓄えますが、だれのものになるのか知りません[4]」、そしてとりわけヨブの「私が生まれた日は滅びうせよ[5]」という言葉には、この世に生を受けたことの災厄や、生きていることの不幸が強調されている。生きることに対する絶望を目前にして、その状況に立ち向かった者だけが、神の眼差しのもとで生きることに喜びを見いだすことができる。

(1) Bible, L'Ecclésiaste (v. 250 av. J.-C.), 12, 8, Chanoine Crampon, 1923.〔「伝道者の書（コヘレトの言葉）」第一章二節〕
(2)「創世記」四七章九節〔訳注〕
(3)「詩編」九〇章一〇節〔訳注〕
(4)「詩編」三九章五・六節〔訳注〕
(5)「ヨブ記」三章三節〔訳注〕

＊　＊　＊

「おお、なんという時代、なんたる人の道か！」(1)

キケロ（前一〇六〜前四三）

カティリナが企てた暗殺計画を逃れたキケロは、カティリナに対する弾劾演説を元老院でおこない、国家の衰退を政治的熱意の喪失や悪徳の蔓延に結びつけて非難した。道徳の退廃は古代ローマの没落の原因なのだろうか。政治体制はモラルの低下によって崩壊するのだろうか。人びとはローマの世界市民主義《コスモポリタニズム》を指摘したり、例外的だったはずの、キリスト教徒の反社会性をことさら強調したり、経済状況の悪化、税制の重圧、戦意の喪失に着目したりして、古代ローマの没落を説明づけようとした。こうした歴史的原因の背景に加えて注目すべきことは、退廃という概念のみならず、黄金時代という概念、あるいは野蛮状態への回帰という概念さえもが、文明に対する考え方そのものと切り離すことができないという点である。ある政体に対して弾劾演説をおこなうということは、その政体を批判するための基準をもっていることを意味する。はたして政治思想は、こうした基準による評価なしに、広く通用している出来事について判断したり、たんなる事実に反対して権利を要求したりできるのだろうか。歴史上のあらゆる具体的な政体に先立つ権利、すなわち自然権に関する哲学的思想は、政治システムの基盤や方針となるべきものに依拠せずに、政治システムについて考えることはできないということを示している。こうした確信のもとに、とりわけ人権の原則や、不正とされた政体に抵抗する権利〔抵抗権〕が成り立っているのである。

(1) *Catilinaires*, I, 1, Paris, Livre de Poche, 1992.〔キケロー「カティリーナ弾劾」第一演説第一章二節、『キケロー弁論集』、小川正廣ほか訳、岩波文庫、一四頁〕

＊＊＊

「恋の情念はたいてい人間を盲目にする」(1)

ルクレティウス(前九九〜前五五)

人間の心は文学だけが独り占めするのではない。哲学も同じように、恋の情念について考え、その仕組みだけでなく、ルクレティウスの場合のように、恋の盲目状態についても述べている。というのも、人は恋をすると、実際には相手がもっていない美点を、もっているかのように思いこむのだから、恋は盲目なのである。恋わずらいや性欲をめぐる『事物の本性について』の章句に匹敵しうるものは、ほとんどない。この作品におけるルクレティウスの忠告は際立っている。恋はわれわれを愚かで不幸にするのだから、それは避けるべきものである。しかし、恋をやめるのは難しいことである。というのも、それは現実を覆い隠し、幻想にふけるものであるからだ。意中の相手を理想化する恋のプロセスは、のちにフォイエルバッハ(一八〇四〜一八七二)が指摘することに少し似ている。フォイエルバッハは、人間がみずからの本質を神に投げかけ、この空虚な幻想的存在〔である神〕に対して、人間に本来的で固有の完全性をすべて付与することにより、いかに自己疎外を生みだしているかということを指摘した。恋の情念は、われわれが現実を歪曲してまでも偶像や理想を必要とすることを証拠づけている。こうして、「細く引き締まっているとカモシカのような女性になり、どもって上手くしゃべれないと舌ったらずな女性になり、口がきけないと思慮深い女性になる」(2)。恋することは、ある意味で宗教に入信するようなものだ。それは、意中の相手を崇拝し、その相手に人間以上の価値を与え、不可思議で神々しい、並外れた存在のしかたを相手に付与することである。

〔恋の〕情念は二つの逸脱した欲望に立脚している。ひとつは独占欲である。この欲望を避けるには、誰彼かまわず恋をして、次々に相手を変えることで執着を克服しなければならない。もうひとつは共食いの欲望である。じっさいに恋人たちは、噛みつくようなキスをしてむさぼりあうことで、欲望の対象を〔自分に〕組み入れようとしている。ところが、これ〔恋の情念〕は、欲求が満たされるのではなく、満足感によって欲求がつのるという唯一のケースである。われわれは他者を所有することもできないし、他者と溶け合ってひとつになることもできない。したがって、われわれの愛撫は、われわれを引き寄せながらも抵抗する他者に向けた報復行為に似ている。幸せな恋と苦しい情念とのあいだには、程度の違いしかない。どちらもわれわれを貶《おとし》めるものである。

(1) *De la nature*, Paris, Flammarion, 1964, IV, p. 147.〔ルクレティウス「事物の本性について」第四巻一一五三、『世界古典文学全集』二一巻、藤沢令夫・岩田義一訳、筑摩書房、三七六頁〕

（2）同書、第四巻一一六一〜一一六四、三七七頁〔訳注〕

＊＊＊

「賢者は情念に動かされることがない」(1)

セネカ（前四（後一）〜後六五）

古代ローマの帝政期（紀元後一〜二世紀）にかけて、プラトン、アリストテレス、懐疑主義者のピュロン、ストア派のゼノンといった開祖たちの古い教えに回帰する動きが見られた。当時の貴族階級のエリートは、哲学的教養を高い社会的地位に就くための条件としていた。マルクス・アウレリウスがストア派、エピクロス派、プラトン主義、アリストテレス主義を教える講座を設けたのも、そのためである。ストア派の哲学者は、教師であることに加えて、ある種の精神的指導者でもあった。セネカは、ネロ帝の教師である一方、観想だけに励む生活が優れていることを力説した。ストア派の道徳は、その宇宙観《コスモロジー》と切り離すことができない。宇宙はひとつの生命体とされ、その内部ではあらゆる存在物や出来事が、完全な宿命論にしたがって、たがいに結ばれているのである。自然に合致して生きるということは、こうした必然的な摂理に身を委ねることである。だが、ストア派によれば、人間の魂は神々の魂と同じ性質をそなえているため、こうした〔自然の摂理に対する〕服従は、みずからに同意することに等しい。したがって、幸福とは、出来事をその原因にそって理解するためにみずからの理性を行使し、情念の根絶によって出来事を受け入れることにある。というのも、情念は、事物が別のように〔違ったふうに〕なること――すなわち不可能なこと――を望むことであるから、諸々の動揺〔混乱〕の原因なのである。

幸福と情念を対立させるこの思想の欠点は、この思想自体が悲しみという情念を生みだすという点である。ストア派による賢者の幸福とは、〔いかなる情念ももたない〕死者の幸福にほかならない。解決策は、道理正しくあろうとする精神を情念に仕立てあげることであろう。のちにデカルトがそれを高邁〔の情念〕という概念を用いて実現するが、これは意志の力をつねに示し、自己の行為をすべて是認する能力のことである。そして、この〔高邁という〕情念が強ければ強いほど、ひとはそれだけ幸福になる。

（1） *Lettres à Lucilius*, Paris, Flammarion, 1999, p. 117.〔セネカ「倫理書簡集」書簡八五、『セネカ哲学全集』第六巻、大芝芳弘訳、岩波書店、四二頁〕

＊　＊　＊

「私は、自分の望んでいる善をおこなわず、
望んでいない悪をおこなっている」(1)

パウロ(紀元前後〜六〇頃)

オウィディウス(前四三〜後一七頃、ローマの詩人)は、哀れな人物メディアに「私は(情熱と理性のうちの)どちらがよいのか分かっていて、そうしたいとは思うの。けれども、つい悪いほうへ行ってしまう」(『変身物語』七巻二〇〜二一節)という台詞を与えている。パウロはこうした意志の弱さを、原罪の舞台であると同時に、救いの舞台でもあるとした。意志は、意志そのものの欠如によって定義される。「私には、善をなそうという意志はあるのに、それを実行できないのです」(「ローマ信徒への手紙」七章一八節)。こうした意志の弱さの責任は私自身にある。というのも、たとえ私が無力であっても、自分がおこなう悪を避ける力はつねにあるという意味で、私は自由であるからだ。しかしながら、私が善をなしえるとすれば、それは意志によるのではなく、私の意志の望みをかなえてくれる神の恵みによるのである。この観点からすれば、われわれの望みなしには何も実現されないとしても、なされる善は神に由来するのだから、意志はわれわれに従属するものではない。人間には善をなしうる能力はなくなっているというのが、原罪の意味するところである。

アウグスティヌスはこの意志の無力さ、ないしは弱さに関するパウロの意見を継承して、われわれは神がわれわれにとって可能であるとした行為しかなすことができない、と主張した。したがって、

信仰の論理は「意志のあるところに道あり」という格言と正反対をなすのである。

（1） Bible, Chanoine Crampon, 1923, Épître aux Romains, 7, 15.〔新約聖書「ローマ信徒への手紙」七章一九節〕

＊　＊　＊

「出来事が、きみの好きなように起こることを求めてはいけない。むしろ出来事が起こるように起こることを望みなさい。そうすれば、きみは幸せに暮らせるだろう(1)」

エピクテトス〔五五頃〜一三五頃〕

われわれのいっさいの不幸は、現状とは異なる状態を望むことから生じる。したがって、生きることとは人間にとって、ある種の疎外なのである。ストア派の指導者の一人であるエピクテトスは、われわれの判断をくつがえし、出来事を起こるがままに受け入れることを説いた。というのも、われわれは、出来事の流れを変えることができないとしても、出来事に対する見方を変えることはできるからだ。われわれを悩ますものは、出来事そのものではなくて、われわれが出来事について抱く意見なのである。われわれが現実のことがらに与える、恐れや欲望といった評価は、どれも耐えがたくて無意味なものである。われわれが出来事を先取りしたり、推定したり、大げさに考えたりするのは、判断力を用いて健全かつ正当な評価を下すことをせず、野心や恐れや恥辱や憐れみや怒りなどの情念を出来事に投げかけるからである。われわれの不幸を生みだしているのは、われわれだけなのだ。だから、いっさいのことについて自分自身を責め、「悪賢い敵に対してするように、みずからに対して用心する」[2]べきである。われわれは出来事における関与者ではあるが、それを引き起こした張本人ではない。しかしながら、みずからの役割を果たし、われわれに帰することがらを思いのままにすることはできる。われわれが作成したり修正したりすることのできない筋書き、すなわち原初の作品が存在するということ、それがストア派のいう摂理である。こうした必然的な秩序や自然本来の秩序に合致することが、〔ストア派の〕哲学の教えなのである。

ストア主義者たちは、英雄主義を行動の指針にしており、意志と能力を区別すべきであることに気づいていない、と非難を受けるかもしれない。とはいえ、つねに堂々とした態度で逆境に打ち勝つことを命じる倫理を、実行するのが難しいからという理由で拒否するわけにはいかない。

（1）*Manuel*, Paris, Flammarion, 1997, p. 67.〔エピクテトス『要録』八、鹿野治助訳、中公クラシックス、一九三頁〕

（2）同書、四八、二二四頁〔訳注〕

＊　＊　＊

「隣人を自分のように愛しなさい(1)」

マタイ

イエスの役割は神の真理を明かすことにある。イエスは、それを解き明かすために、聖書全体が「神への愛」と「隣人愛」という、たがいに不可分で究極的には同じような二つの戒めに要約されると説いた。後者の戒めは、「自分が人にしてもらいたいと思うことを、人にもしなさい」（「ルカによる福音書」六章三一節）という黄金律にもとづいている。他人はもう一人の自分自身のように愛されなければならない。しかしながら、キリスト教の斬新さは、この掟にあるのではなく、「あなたの頬を打つ者には、もう一方の頬をも向けなさい」（「ルカによる福音書」六章二九節）という言葉の通り、みずからの敵を愛せよという掟にある。したがって、愛は、報いという問題や、相互関係の必要性や、たんなる同情から切り離して考察される。愛されるに値しない人物こそ、まさしく私が愛さなければならない人物である。これが、対神徳〔直接に神を対象とした徳〕のひとつであり、神の恵みによって人間の意志が手に入れる能力、すなわち愛徳（charité）の意味するところである。しかし、哲学もまた自身の方法によって、恩恵を求めたり見返りを期待したりすることのない、無条件の愛という理念を語っていないだろうか。哲学は無私無欲という概念を通して、無償の愛を説いていないだろうか。したがって、理性と信仰との関係のみならず、愛と愛徳との類似という点でも、聖書と哲学は一致するのである。

(1) Bible, Chanoine Crampon, 1923, Évangile selon Matthieu, 22, 39.〔「マタイによる福音書」二二章三九節〕

＊＊＊

「はじめに言《ことば》があった[1]」

ヨハネ

これはあらゆる未来の物語の発端にあたるべきものである。というのも、現に存在するものは、ある出来事の結果であるとともに、永遠不動の原理による産物でもあるからだ。ヨハネはここで創世記の冒頭(「はじめに、神は天地を創造された[2]」)をまねているが、はじめにあったのは創造ではない。はじめにあったのは神、より正しく言うと、神の言《ことば》としての〔キリストの〕先在である。この言《ことば》という用語は、みことばと同じくギリシア語のロゴス〔言葉・理性・理法という意味〕を訳したものであるが、この一節にしか見られない。この用語は、聖典の一文書〔旧約聖書「知恵の書」〕に記された神の知恵に関するラビ〔ユダヤ教の聖職者〕たちの考えを、初期キリスト教が継承したことを示している。しかし、ここでの知恵は擬人化されており、神の子、人となった神〔キリスト〕を指している。神が言《ことば》であることは、神が概念であるとともに、みずからを表現したかたちでもあるという意味であり、そのことをキリスト教は啓示という用語で言いあらわしている。神は唯一かつ複合的なものであり、みずからのうちに〔子なる神イエス・キリストという〕対話者をもち、内的な対話によって、みずからについて世界に啓示することを永遠に語りあう。それゆえに、神はペルソナであり、本性なのではない。神は実在する者であるとともに、みずからのかたちをイエス・キリストにおいて表わした者でもある。イエス自身も「私は『私はある』という者だ(3)」という旧約聖書の一句をもじって、次のように述べている。「アブラハムが生まれる前から、『私はある』」（「ヨハネによる福音書」八章五八節）。キリストは、教義と聖書を通して何度も伝えられる、こうした神の完全で最終的な啓示にほかならない。アウグスティヌスは、「このみことばを、生まれながらの人間は受け入れない。兄弟たちよ、いったいどうしたらよいのか。われわれは沈黙しなければならないのか。しかし沈黙しなければならないのなら、どうしてわれわれは〔聖書の言葉を〕読むのだろうか」（『ヨハネによる福音書講解説教』第一説教）と述べている。神はみずからロゴスであるがゆえに、理性の放棄ではなく、理性の使用を求める。こうして、都合のよいことに、ギリシア哲学の語彙とキリスト教の啓示が交わることになったのである。

（1）Évangile selon Jean, Prologue, I, 1.〔「ヨハネによる福音書」一章一節〕
（2）「創世記」一章一節〔訳注〕

(3)「出エジプト記」三章一四節〔訳注〕

＊＊＊

「生きる技術は、レスリングの技術に似ている」(1)

マルクス・アウレリウス(一二一～一八〇)

ストア派の皇帝マルクス・アウレリウスは、古代哲学の理想である哲人君主を体現した人物である。彼の治世には、戦争、地震、大洪水、疫病など、さまざまな災難が続けざまに生じた。だがマルクス・アウレリウスは、ストア派の主要な教説のひとつである、出来事への同意という教えを守った。人間は変化を望んだり逃避を求めたりすることなく、自分の身に起こることがらを甘受しなければならない。こうした教えが意味をなすのも、もっぱら宇宙の摂理や合理性の存在を前提としているからである。われわれは自分の身に起こる出来事を愛さなければならない。というのも、われわれは〔宇宙の〕全体的調和に属するものとして、個々の運命を特別に与えられているからだ。こうした心持ちがないと、いっさいは「親しみやすい」ものではなく、「奇妙な」ものに感じられることになる。われわれは、「変えられないものを受け入れる」力と「変えられるものを変える」力をそなえ、変えられないものと変えられるものを判断力によって区別しながら、いつでも不慮の出来事に立ち向かう準備ができていないといけない。このようにして、われわれは難攻不落の「城塞」[2]のごとき人物となるのである。

（1）*Pensées pour soi-même*, Paris, Flammarion, 1992, p. 78.〔マルクス・アウレリウス「自省録」第七巻六一章、『世界の名著』第一三巻、鹿野治助訳、中央公論社、四九〇頁〕

（2）同書、第八巻四八章、五〇五頁〔訳注〕

＊＊＊

「どんな言論にも、それに対立する同等の〔正反対の〕言論がある[1]」

セクストス・エンペイリコス（二世紀末頃）

セクストスはピュロン（前三六〇〜前二七〇頃）の懐疑主義を継承した。ピュロンによると、あらゆる言論には、それと拮抗する力（isostheneia）をもった別の言論を対置させることが可能である。

確実性の探究は、独断主義《ドグマティスム》に特有の悪癖である。この悪癖を避けるには、判断を保留し、見かけの仮象のうちにとどまるべきであり、仮象を超えた真理を求めてはならない。というのも、知覚表象を通して現われようとするものには、いかなる確証もないからだ。したがって懐疑主義とは、教理というよりも、ひとつの方法なのであり、みずからの議論も含めて、いっさいの議論を解体し、一掃することにある。そのような状態において、断言したり選別したり、主張したりしようとする情念を捨てることで、心の平静さ（ataraxia）にいたるのである。われわれを悩ますものは、何も確実なものがないということではなく、真理への渇望なのである。外界を理論化したり合理化したりすることなく、外界と直接的にかかわりながら、いかなる肯定も批判もおこなわずに、現在のことがら（習慣、情動、さらには人生）を受け入れるべきである。なんらかの確実な意味や明白な理由を定めようとはせず、仮象の事物に満足すべきである。〔とはいえ〕懐疑主義者は、永遠不動の真理の探究に失望して疲れているというわけではない。懐疑主義者とは、ピュロンのたとえを用いるならば[2]、嵐にも動じない豚のような存在であり、彼らは人生の浮き沈みにあっても平静さを保ち続けるのである。

（1）*Esquisses pyrrhoniennes*, Paris, Aubier, 1948, I, VI, 12.〔セクストス・エンペイリコス『ピュロン主義哲学の概要』第一巻六章一二、金山弥平・金山万里子訳、京都大学学術出版会、一二頁〕

（2）ディオゲネス・ラエルティオス『ギリシア哲学者列伝』第九巻一一章六八、前掲訳書、下巻、一五七頁

〔訳注〕

＊　＊　＊

「人間は母胎に宿り、汚物のなかで凝固したものである」(1)

テルトゥリアヌス(一六〇～二二二以後)

キリスト教は肉体の軽視と結びつけられがちである。この言葉についても、肉体の脆《もろ》さを擁護する続きの部分を読まなければ、肉体の軽視を認めているように思われるだろう。美しい形態というよりは滑稽な組織にすぎない肉体を、あえて直視することで、われわれは肉体のもつ神々しさを理解するのだ。というのも、神はみずから受肉によって、肉体をわがものとしたからである。キリストの愛が肉体、すなわち汚物と血が混ざりあったこの忌まわしいものにも及ぶことを肯定しないかぎり、キリストが愛であると説くことはできない。テルトゥリアヌスは神学用語に比類ない力と新鮮さを与えた人物であり、彼が新たに作りだした用語は九八二語にも及んだとされている。

(1) *De la chair du Christ*, trad. modifiée par B. Sesboüé, Paris, Cerf, 1975, IV.〔テルトゥリアヌス『キリストの肉体について』第四章〕

* * *

「彫刻家が彫像を完成させるように、たえず自分の完成につとめなさい[1]」

プロティノス（二〇五～二七〇）

プロティノスは、ソクラテスの「汝自身を知れ」を踏襲するかたちで内省を説き、あらゆる魂にひそむ美の跡形を探りだして復元することを求める。「君自身に戻り、君自身を見よ。だが、それでも自分の美しさを見ることができなければ、彫刻家のようにふるまうがよい。［…］君も、自分の余分なところを切りとり、曲がったところをまっすぐにして、［…］彫刻家が彫像を完成させるように、たえず自分の完成につとめなさい[2]」。われわれは純化の作業を通して、おのれ自身と一体化するのである。ここでは、美学よりもむしろ形而上学が話題になっており、魂による神への上昇が論じられている。魂は美しいもの（作品、倫理的徳、行為など）を観想することにより、みずからの起源である最高善、すなわち〔超越的存在である〕一者を認識する。いっさいは、一者から流れ出たものであり、美と存在物の彼方にある一者に向かって回帰しようとする。感覚によって把握しうる美も、知性の跡形なのであり、観想（*theōria*）の結果として、より高次の美にいたらしめる。魂は、起源への回帰を欲求することで、みずからのうちに入りこみ、他のいっさいから逃れる。そのとき「人間は天空を駆けあがり、宇宙全体を支配する」（『エンネアデス』第五論集第八論文七）のである。

（1） *Ennéades*, Paris, Flammarion, 2002, I, 6, 9.〔プロティノス『エンネアデス』第一論集第六論文九章、田中美知太郎ほか訳、中公クラシックス、第一巻、三八頁〕

（2） 同上〔訳注〕

＊＊＊

「われわれの自由とは〈不完全な自由〉である[1]」

アウグスティヌス（三五四～四三〇）

自由とは、善と悪のあいだで選択をすることではなく、いかなる場合にも善を選ぶことである。しかし、われわれにそのような能力はない。われわれはたいてい、善を選ぶ余地もないまま、悪のほうを選んでしまう。したがって、われわれの意志は自由なのではなく、欲望の力に支配されており、隷属的な状態にある。われわれは幼児期から、母親の乳房を求めてはげしく泣き叫ぶが、これこそあらゆる意志的行為に先立つ裏づけとして、意志の敗北を示すものである。葛藤は、理性と情念、精神と肉体とのあいだでおこなわれるのではなく、意志の内部そのもので繰り広げられる。意志は、みずから欲することができず、望んでいる善をおこなえない状態にある。われわれは善を不完全にしか望んでいないため、それを実現することができないのだ。われわれは意志に命令を下し、望むことを望まなければならない。しかし、われわれにはまさしく意欲が欠けているのだ。われわれは意志の働きによって、意志の弱さを埋め合わせることができないし、われわれを破滅させるものから逃げることもできない。神の恩寵だけが、意志に欠けている力を与えてくれるのである。神の全能というキリスト教の概念において理解しがたいのは、神が救済にふさわしい人たちを救うということではない。誰ひとり救済に値する人はいないのに、それでも神が一部の人たちを救うということである。

（1）*Confessions*, Paris, Gallimard, 1998, II, 7, 14, p. 813.〔アウグスティヌス「告白」第二巻第六章一四、宮谷宣史訳、『アウグスティヌス著作集』第五巻、教文館、一〇八頁〕

＊＊＊

「二つの愛が二つの国をつくった。
すなわち、神を軽蔑するほどの自己愛が地上の国をつくり、
みずからを軽蔑するほどの神への愛が天上の国をつくったのだ[1]」

アウグスティヌス（三五四〜四三〇）

神の国もしくは人間の国。神もしくは自己。自己愛の国である現世において、いかなる価値観も、いかなる倫理的徳も、いかなる善行も本当のものではなく、いっさいは虚栄心のあらわれである。現

世での平和は見せかけにすぎず、正義や同情と同じように、隣人愛にもとづいたものではない。自己愛は、もっとも道徳的な行為さえも含めた、われわれの行為のすべてを毒する根源なのである。

この自己愛の概念は、神学的考察から生じたものであるが、哲学や政治のみならず、経済学や精神分析学においても重要な役割を果たし、主体や意志、利害や社交、幸福などに関する理論をもたらす。自己愛の概念は十七世紀の時代に、とりわけパスカルや、ジャンセニストの代表的なアウグスティヌス主義者であるラ・ロシュフコー、ニコル〔一六二五〜一六九五、フランスの神学者・モラリスト〕、ラシーヌ〔一六三九〜一六九九、フランスの劇作家〕によって、もっとも豊かな表現を見いだすことになる。こんにち用いられているエゴイズムという語は、自己愛の語義を弱めて深刻さを薄めた用語である。

アウグスティヌス以降、自己愛は三つの意味作用を受け入れる。ひとつは思い上がりである。われわれは思い上がりによって、みずからの凡庸な存在を想像上の存在とすり替え、偉くなりたいという自分の願望や、他人が自分に対して抱いてほしい願望に応じようとする。この〔思い上がりという〕虚栄心は、感覚欲（*libido sentiendi*）や肉体的快楽であれ、支配欲（*libido dominandi*）や権勢への渇望であれ、知識欲（*libido sciendi*）つまり飽くなき好奇心であれ、いっさいの欲望を生みだす。第二の意味作用が示すのは、われわれがみずからの自己愛にだまされ、自分でも気づかずに行動しており、自己愛がわれわれの内心で無意識的に作動しているという点である。ここで重要なのは、われわれの行為ではなくて動機であり、そうした動機のほとんどが自己愛に由来しているため、われわれには見えないということである。人間の自己愛や虚栄心を傷つけずに、これらを批判するにはどうしたらよいのか。古典主義時代のアウグスティヌス主義者たちは、笑わせることを選んだ。というのも滑稽さは、教訓よりもはるかに効果があるからだ——とはいえ、それはアウグスティヌス自身も考えていなかった選択である。

(1) *La Cité de Dieu*, Paris, Gallimard, XIV, 28.〔アウグスティヌス『神の国』第一四巻二八章、泉治典ほか訳、教文館、下巻、七二頁〕

＊　＊　＊

「私は自分の破滅を愛した(1)」

アウグスティヌス〔三五四〜四三〇〕

われわれの行為の価値は、欲望の対象にあるのではなく、欲望そのものの性質にある。したがって、飢えをしのぐために梨を盗むことは、楽しむために梨を盗むのと同じことではない。後者のあやまちは、たんなる禁止事項に対する違反ではなく、罪であり、悪におちいることの喜びを表わしている。「私は自分の破滅を愛した。しかも私が破滅する原因となったものではなく、自分の破滅そのものを愛したのだ」。罪は一度かぎりの悪事よりも、はるかに包括的な状態を呈している。罪という

「領域」において、人間はもはや神の似姿でもなく、かつての自分に類似することもなく〔罪びととして〕生き続ける。

罪は誘惑に立ち向かう人間の意志をあらわすことはない。私はすでに屈服しており、私の意志は悪の虜となり、悪にむしばまれているから、誘惑はないのだ。私をすでに打ち負かしてしまったものを、私は打ち負かすことができない。その点において罪は本源的なものである。罪は欲望の賛美ではなく、欲望の敗北に相当する。というのも、神は無限そのものであり、私が本当に欲するものは、目に見えるいっさいの大なるものより限りなく大きいのだから。

罪の神学は意志の哲学に道を開き、意志は快楽にとらわれることの喜び、すなわち情欲と定義されることになる。フロイトは、アウグスティヌスに思いのほか忠実に、それをリビドー（*libido*）と名づけた。

（1）*Les Confessions*, Paris, Gallimard, 1998, II, 4, 9, p. 809.〔アウグスティヌス『告白』第二巻第四章九節、前掲訳書、一〇〇頁〕

＊　＊　＊

「人間は酔っ払いのように、
どの道を通ったら家に帰れるのかを知らない」(1)

ボエティウス(四八〇頃～五二四〔五二六〕)

この言葉の出典は、中世の時代にもっとも読まれ、もっとも注釈を付された作品のひとつである。最後のローマ人にして最初のスコラ哲学者とされるボエティウスは、キリスト教と古代ギリシア・ローマ文化との統合につとめた。彼はプラトンの『ティマイオス』や『饗宴』のみならず、アリストテレスからも思想を借用している。ボエティウスは、ポルフュリオス〔二三二(二三四)～三〇三(三〇九)頃、ギリシアの哲学者〕やプロティノスといった新プラトン主義者たちの理論を取り入れる一方で、セネカやキケロ、アウグスティヌスの見解を復権させている。

すべての人間は幸福に憧れている。しかし、神の知恵や真の哲学が明かされないかぎり、ほとんどの人間は幸福とは何かを知らない。われわれは現世において、まるで異郷生活を送っているかのように、安楽を見いだすことができずに失望している。この主張は、アウグスティヌスの『告白』や彼の原罪の概念に負っているだけでなく、魂を肉体に幽閉されたもの、魂とは異質の存在に縛りつけられたものとする新プラトン主義の思想にも負っている。

(1) *De la consolation de la philosophie*, Paris, Hachette, 1861, p. 121.〔ボエティウス『哲学の慰め』第三巻二、渡辺義雄訳、筑摩叢書、八四頁〕

＊　＊　＊

「この病気［恋の病］とは、
憂鬱状態をともなう不安感のことである」(1)

アヴィセンナ［イブン・シーナー］（九八〇～一〇三七）

恋は、意中の相手の表情や動作、言葉をたえず思い起こすことにあるという点で、妄想をともなう病気である。その症状は、うつろで生気のない目、まばたきのくり返し、不規則な呼吸や不整脈である。だれに恋をしているのかはっきり知るためには、脈をはかり、だれの名前を聞いて興奮するのかを調べるだけでよい。ただひとつの可能な治療法は、その相手と正式に結びつくことである。それが不可能ならば、熱い風呂に入るか、意中の女性をたえず中傷する老婆たちに助けを求めるしかない。

（1）*Canon de la médecine*, III, I, 4, chap. XXIV, trad. originale d'A.-S. Jouanneau.〔アヴィセンナ『医学典範』第三巻第一部第四教則第二四章〕

＊　＊　＊

「愚か者は心のなかで言う、神は存在しない、と(1)」

アンセルムス（一〇三三〜一一〇九）

この言葉は、けっしてなんらかの論証ではない。推論を用いることなく、「神」や「存在」といった概念に関する、おのずから明白な直観を述べたものである。もし神が神、すなわち、それより大なるものが考えられないようなものであるならば、神は〔精神の内部だけでなく外部にも〕存在するしかない。〔というのも、精神の内部だけでなく外部にも存在していなければ、神は「それより大なるものが考えられないようなもの」とは言えなくなるからだ。〕この主張はデカルトが打ち立て、カントが批判した〔神の存在に関する〕証明の原型ではない。その理由はたんに、アンセルムスによると、神の存在論的証明は不可能だからである。〔デカルトによる〕ア・プリオリな存在証明は、神の概念を手がかりに、神の本質に関するわれわれの知識に依拠しながら、神の概念からその存在を導き出すことにある。神は存在する〔完全な、無限な〕ものであるから、現実に存在する以外にはありえない。この証明が存在論的だと言われる理由は、まさしくそれが神の本質そのもの、つまり神について人間がもつ知識〔完全性、無限性〕を基軸としているからである。アンセルムスにおいては、そのようなものは何もなく、あらゆる啓示神学と同様に、神は計り知れないものとされている。アンセルムスが示そうとしているのは、神の存在を肯定することが明白であり、それを否定することが不合理であるという点である。神が存在することの必然性を認めるには、「神」という語を理解しなければならない。そのためには、信仰や啓示はまったく必要ない。

（1）*Proslogion*, Paris, Vrin, 1992, p. 13.〔アンセルムス「プロスロギオン」第二章、古田暁訳、『中世思想原典集成』第七巻、上智大学中世思想研究所、一九九一頁〕

＊＊＊

「哲学の研究を禁じるのは、
のどがかわいた人に水を飲むことを禁じるようなものだ[1]」

アヴェロエス〔イブン・ルシュド〕（一一二六〜一一九八）

ある人たちが哲学を誤った方法で悪用しているからといって、哲学は有害であるという結論を下すべきではない。アヴェロエスがここで表明しているのは、信仰と哲学との関係をめぐるファトワー（*fatwa*）、すなわち宗教上の法令である。彼は法律用語を用いて、哲学の研究はイスラム法によると禁ずべきものなのか、望ましいものなのか、それとも必要なものなのか、という問いを提起する。この問いは真理の唯一性という原則にもとづいている。すなわち真理は、哲学的論証によって打ち立てられたものであれ、聖典によって説き明かされたものであれ、真理自体と矛盾することはありえない。〔信仰と哲学の〕二つの領域においては、論証形式が重んじられなければならず、修辞学や情動に代わって三段論法が必要とされなければならない。その結果、ある論証が経典と矛盾しているように思われるなら、論証の根拠を尊重して、その経典を解釈しなおさなければならない。このようにしてアリストテレス哲学の教えにならえば、われわれは論理的に正しい方法で、世界の永続性を主張したり、神が自己認識を通して万物をいかにして知り、いかにして存在せしめるかを説明したり、魂の不滅性を証明したりすることができる。アヴェロエスによるこのアリストテレス主義は、アンダルスの知識人階級に特徴的なものであり、アラブ世界の学派を支配するには及ばなかったものの、西方ラテン世界の哲学の核を作りあげることになる。

（1） *Discours décisif*, Paris, Flammarion, 1996, §15.〔アヴェロエス『決定的論考』第一五節〕

＊　＊　＊

「本書の目的は、預言書に見られる曖昧至極な寓意を解き明かすことにある」[1]

マイモニデス（一一三五〜一二〇四）

信仰と知、宗教と知性を両立させるにはどうしたらよいのか。哲学や科学、とりわけ自然科学を学んだ信者にとって、聖書は混沌に満ちあふれている。そこでは神の怒りが語られるほか、あらゆる種類の感情が神に与えられ、寓意はときに難解であったり、ときに退屈であったりする。宗教の言葉は理路整然としているというよりは、むしろ比喩に富んだものであり、神はたいてい他の人たちと同じような人間と見なされている。聖書の寓意に嫌悪感を抱くことなく、宗教と理性を両立させるには、字義的な意味をしりぞけ、隠された深遠なる意味を重視しなければならない。預言者たちのうちで、神に向かって「顔と顔を合わせて」[2]話したのはモーゼだけであり、他の預言者たちは「くもった鏡で眺めていた」のであった。こうした不明瞭さのせいで、われわれ自身がもたらした災難を神のせいにしたり、天使と夢を取り違えたり、いかなる属性によっても定義されるはずのない抽象的存在である神に対して、善良さや、嫉妬や、怒りなどの性質を与えたりすることになった。祈りについても、いっさいの擬人化を取りのぞいたうえで、神への直接的な要請というよりも、むしろ瞑想の機会のようなものとしなければならない。

(1) *Guide des égarés*, Osnabruck, Otto Zeller, 1964, p. 8. 〔マイモニデス『迷える者たちの導き』序言〕

（2）旧約聖書「出エジプト記」三三章一一節〔訳注〕

＊　＊　＊

「真理とは、ものと知性との合致である[1]」

トマス・アクィナス（一二二五（一二二七）〜一二七四）

真理は思考と現実との一致、すなわち、われわれの表象と実際の存在物との符号から生じる。このような定義は、主体が客体の受け皿のようなものであり、主体と客体が類似性をもつことを前提に成り立っている。それは人間の認識がセンス・データに依存していることを意味する。実際に、人間は天使とは異なり、生得観念によって知ることはできず、身体に結びついているため、感覚を通してしか事物を認識できない。感覚こそが人間の思考力、すなわち、さまざまな事物の形象や類像を受容する能力を顕在化させるのである。そして人間の知性は、そうした形象や類像を抽象化することで、普遍概念を作りあげる。したがって、真理は主体と客体のうちに同時に存在する。プロタゴラスの主張とは反対に、人間は万物の尺度ではない。何が真であるかを言明するのは、人間の知性なのである。知覚対象とのかかわりなしに知識は存在しないし、認識する者が真理の基準を設けることなしに、真の知識は存在しない。デカルトは、真理は知覚を介するのではなく、ひとり悟性によってのみ、知性だけに内在する生得観念を用いて把握されると主張した。彼はこうして、トマス・アクィナスが天使だけに定めていた性質を人間にも与えた。

(1) *Première question dispitée sur la vérité (De veritate)*, Article premier, Paris, Vrin, 2002, p. 55.〔トマス・アクィナス『真理論』第一問題第一項、花井一典訳、哲学書房、二八頁〕

＊＊＊

「哲学は神学の召使いである(1)」

トマス・アクィナス(一二二五〔一二二七〕〜一二七四)

哲学は、信仰上の諸真理を解き明かすことを任務とするが、これらの真理は哲学によっては到達できない。というのも、信仰上の諸真理に関する研究は、天啓の内容にもとづく神学の領域に属するからである。哲学が別の学問によって補完されるという、こうした哲学の二次的地位は、哲学の自律性を否定するどころか、むしろ強く求める。哲学はたんなる生活上の規則ではなく、論証的な学問として神学に仕えるものであり、哲学は厳密であればあるだけ、いっそう決定的な助けをもたらしてくれる。さもなければ、信仰上の諸真理を浅はかな議論に立脚させ、「不信者たちの嘲笑」[2]をまねくことになる。トマスは神学者であるから哲学者でもあったし、哲学的合理性を頼りにして信仰を確立することの必要性を自覚していた。実際に、当時の神学者は聖書の注釈家や解釈者であるばかりか、アリストテレスやプラトンの読者でもあった。しかも修道生活はキリスト教哲学（*philosophia christiana*）とも称されていたではないか。

とはいえ、この引用文には、問題の核心をなすはずの用語が抜けている。それは、形而上学という用語である。形而上学は、啓示神学と同じ目的（神の存在証明や、いっさいは神から生じるということ）を有するものの、理性だけに依拠している。形而上学もまた、叡智、すなわちある種の至福や神との合一をもたらすのであるから、神学の召使いは神学のライバルにもなりかねない。しかし、神学に対する形而上学の二次的地位は、その対象〔である神〕の不可知性ゆえに揺らぐことがない。神は神自身にしか真に知られることがないのだから、啓示の助けがつねに必要となる。形而上学が神に到達するには、現世に存在する既知の事物を捨象しなければならない。その点において、形而上学には不完全さと少数精鋭主義がつきものであり、論証には手間のかかる努力が必要とされる。形而上学は原則として、神学に道を開き、神学によって完成される。形而上学は神学が必然的に扱うことのない事物の存在を証明する。しかしながら、形而上学が、神の絶対的相違や神の超越性に関する知識を手がかりにして、神に関する実証的理論を展開するのであれば、この〔哲学を神学の召使いとする〕序列関係はたちまち疑問に付される。そうなれば形而上学は、神学の伴侶としてひたすら神でないもの（死すべきものや肉体を有するもの）の言明にとどまることを、もはや強いられなくなる。この変革は、ドゥンス・スコトゥスが主張してデカルトが体系化した無限の概念によって実現する。こうして形而上学は召使いとしての地位を離れたのである。

（1）*Somme de théologie*, Ia, q. 1, a. 5.〔トマス・アクィナス『神学大全』第一部第一問題第五項、高田三郎訳、創文社、第一冊、一三頁〕

（2）同書、第一部第三二問題第一項、第三冊、一〇五頁〔訳注〕

＊＊＊

「もっとも完全かつ単純なる神の概念とは、無限の存在という概念である[1]」

ドゥンス・スコトゥス（一二六五（一二六六）〜一三〇八）

神学は神の不可知性という基本概念にもとづいているため、聖書の啓示に依拠することが必要となる。神について否定的概念（神の本質でないもの）でしか語らないとすれば、われわれは不確定なままにとどまり、危険なことに神を虚無に近づけてしまうおそれがある。それどころか、われわれが生まれながらに神の概念をもっているのは明らかである。われわれがもつ神の概念は、われわれには到達できない神固有の本質（固体化の原理）を表わしたものではないが、それでも被造物と神をはっきりと区別したものである。その概念とは、神性さえも含む究極的絶対性において神を表わした、無限の概念である。ここでの無限は、たんなる属性ではなく、決定的かつ唯一の差異としての神固有の存在様式を描いたものである。神は無限という絶対的差異をもった存在なのである。この形而上学的変革によって、ドゥンス・スコトゥスは近代哲学への道を開き、とりわけデカルトは、無限をあらゆる概念のうちでももっとも明晰かつ判明なものとした。神はわれわれ自身よりも先に認識されるものであるから、デカルトは無限の概念を、われわれの存在を含めた他のいっさいの概念よりも前に、われわれが抱く概念であるとした。

（1）*Sur la connaissance de Dieu*, Paris, Puf, 1998, p. 83.〔ドゥンス・スコトゥス『存在の一義性　定本――ペトルス・ロンバルトゥス命題註解』第一巻第三篇・本論第一問、花井一典・山内志朗訳、哲学書房、五八頁〕

＊＊＊

「必要もないのに多くのことを仮定すべきではない(1)」

ウィリアムのオッカム（一二八〇（一二八五）頃～一三四七（一三四九）頃）

この方法はすでに古代ギリシア・ローマから、とりわけアリストテレス〔『自然学』第一巻第四章、一八八a〕によって主張されていたが、これを最初に理論化したのはオッカムである。この方法の意味するところは、さまざまな概念や区別を増やして、とりわけ本質と存在を別々にしたり、意志や悟性といった〔精神の〕諸能力をそれらの働きと切り離したりするのは無駄だ、ということである。これらは人為的に作られたものであり、いかなる現実の事物を反映していない。というのも、個物だけが実在するのであり、普遍は精神にしか存在しないからである。

この思考節約の原理〔「オッカムの剃刀」とよばれる〕が求めるのは、ある事象を説明する場合に、その場かぎりの仮定や特殊な仮定をなるべく排した説明を心がけ、既存の仮定で足りるのであれば新たな仮定を用いてはならない、ということである。別の言い方をすれば、ある証明の効力はその単純さに比例するということだ。

（1） *Questiones et decisiones in quatuor libros Sententiarum cum centilogio theologico*, livre II, *Guillelmi de Ockham Opera philosophica et theologica*, St. Bonaventure, New York.〔オッカム『大論理学』第一部第一二章、渋谷克美訳註『オッカム『大論理学』註解I』、創文社、四二頁〕

＊　＊　＊

「愚かであればあるだけ幸福にもなる」(1)

エラスムス(一四六六(一四六七)～一五三六)

『痴愚神礼讃』はルネサンス期のベストセラー作品のひとつである。著者エラスムスは、ルターとの論争における自由意志の擁護や、新約聖書のラテン語訳や、アウグスティヌス作品の編纂などにより、もっとも影響を及ぼした人文主義者の一人であった。彼は「キリストの教え」を広めるにあたって、スコラ哲学よりも風刺に訴えかけるほうを好んだ。『痴愚神礼讃』は真福八端〔『マタイによる福音書』第五章三～一二節〕や聖パウロについての論評である。イエスは真福八端において弱さを強さに変えたのであり、また聖パウロによると、神は人間たちを痴愚狂気から救うために、死という愚行をおかした。この世はカーニバル的なものであり、どんな価値観も転覆する可能性をもっている。理知は「頭の狭い片隅」(2)に追いやられ、怒りなどの心の衝動や、淫欲などの下腹の衝動といった、あらゆる情念の混乱に体全体を委ねたままである。したがって、愚かさこそが人間の本当のありさまなのであり、愚かさなしには、人生は生きるに堪えないものとなるだろう。実は、アウグスティヌスが主張しているように(3)、知とは嘆き悲しむ人たちの特性であり、彼らは自分たちにとって幸福だと思っていたものが実は不幸の原因なのだと知って嘆き悲しむのである。

(1) *Éloge de la folie*, Paris, Flammarion, 1964, p. 47.〔エラスムス『痴愚神礼讃』三九、渡辺一夫・二宮敬訳、中公クラシックス、一〇八頁〕

(2) 同書、一六〔訳注〕
(3) アウグスティヌス『主の山上のことば』第四章一一節〔訳注〕

＊＊＊

「愛されるよりも恐れられるほうが、はるかに安全である」(1)

マキャヴェッリ(一四六九〜一五二七)

享楽主義を最大の敵としたエピクロスと同じように、マキャヴェッリも自身の作品に下されたさまざまな解釈に悩まされた。マキャヴェッリが統治者のための手引きとして書いた『君主論』は、冷笑主義《シニシズム》の旗手として誤解されたが、この作品がなによりも目指していたのは、政治特有の合理性について分析し、君主に求められる資質を明らかにすることである。

国家の諸原則を定めるべきものは、道徳性でも宗教でもない。というのも、〔国家の〕主たる目的は正義ではなく、権力の獲得とその維持にあるからだ。君主は自己のみに依存すべきであり、愛や信義などのような、相互関係や無私無欲にもとづいた疑わしい感情にけっして身を委ねてはならない。また君主は、たんに慎重さという規則に従うだけではなく、それどころか恐れをかき立てたり、さまざまな状況で要求されることがらに応じたりして、運命に打ち勝たなければならない。これこそが君主の力量（*virtù*）である。君主の力量は、みずからの行動と倫理観との合致にあるのではなく、倫理観を〔もっているかのように〕よそおう能力にある。ようするに君主の力量とは、いかなる（不変の）倫理観も掲げることなく、善にも悪にもまったく無関心でいるということだ。君主の行動は、必要に迫られておこなわれたものと思われなければならない。憎しみや愛のように、君主をありきたりの人物にし、他人に翻弄されてしまうような性格を見せてはならない。

（1）*Le Prince*, chap. XVII, Paris, Flammarion, 1992, p. 38.〔マキアヴェリ『君主論』第一七章、池田廉訳、中公文庫、九八頁〕

＊＊＊

「私《ク》は何を知《セ》っている《ジュ》のか？」[1]

モンテーニュ（一五三三〜一五九二）

徹底した懐疑主義は、疑いさえも疑うことを求める。それは知を捨て去ることではなく、たえず変化して矛盾をはらむ現実を固定しようとはせず、みずからの知の能力を見定めることである。セクストス・エンペイリコスの『ピュロン主義の概要』の読者であるモンテーニュは、真と偽が識別不可能であることから、判断を保留すべきであると述べる。モンテーニュは、みずからが真理を発見したということも、真理は発見できないということも主張していない。彼は真理を打ち立てるためでなく、探究して議論をおこなうために、理性を用いて真理を探している最中にある、と主張する。真と偽、文明と野蛮、正常なものと異常なものを分かつ基準を定めることはできない。現実はそれ自体として到達できないものであり、われわれの感覚から生じる表象は、どれも現実の虚像にすぎないから、「知識といえるものは存在しない」[2]のである。それに、私とかかわりあう事物がひとつもないのであれば、事物についてなにか確実なことを、いかにして私が打ち立てられるのだろうか。

デカルトはのちに、この究極の不確実性が反対に、ある確実なことを、すなわち疑い、考えることの確実性と、それゆえに存在することの確実性を含んでいると証明する。私がなにかを知っているのは、私が存在し、私が考えているからなのだ（七五ページ参照）。

（1）*Essais*, II, 12, Paris, Gallimard, 2009.〔モンテーニュ『エセー』第二巻一二章、宮下志朗訳、白水社、第四巻、一六〇頁〕

（2）同書、二七四頁〔訳注〕

＊　＊　＊

「私は踊るときは踊るし、眠るときは眠る」[1]

モンテーニュ（一五三三～一五九二）

われわれは生涯の大部分を生きるための計画に費やし、われわれにふさわしい人生をようやく送ることのできる最良の日々を期待している。そのため、われわれは生きたこともないまま死を迎える。死とは、たんなる生命機能の停止ではなく、われわれ自身からの永遠の離脱なのである。自分自身に立ち返るには、意欲をもって現在の体験に取り組まなければならない。

モンテーニュは、寡黙で穏やかな諦念の態度を讃えずに、注意深さを説き勧める。彼は睡眠においてさえも、生きているという自覚をもつことで、生きる行為を倍にしようとする。この〔生に対する〕執拗さは、みずからの存在に集中力を投じることから生じるのであり、われわれのはかない命に永遠の重みを与えてくれる。「現在を楽しめ」（*Carpe diem*）というのが人生の教訓であるならば、生きるのが仕事であるかのように、一所懸命に生きなければならない。存在するということは、ひとつの訓練であり、ほとんど職人の仕事のようなものである。そこでは別人になることや、自分の姿を未来に投影することは求められていない。私は私として存在する唯一の人物であり、私の人生を生きるのは私だけである。だから、人生とは不安ではなく、存在することの喜びなのである。人生とはそれ以外の何ものでもなく、快楽に鈍感になることでも、欲求不満を感じることでもない。人生とは、生き方を入念に考えて吟味することであり、人生だけを目的とした生活を送ることである。したがって、〔人生においては〕ある活動が他の活動よりも多くの真実味をもつ、ということはない。踊ることは眠ることに劣らず私にかかわる活動なのであり、肉体も精神と同じほどの深みをもっている。われわれにふさわしい人生の限度を定めるのは、健康と疲労だけである。われわれは自分自身を見失うためではなく、自分自身を見いだすために、眠るときも踊るときも、どんなときも意欲をもって自分の行為に取り組まなければならない。そうすれば、われわれの人生は、もっとも平凡な人生であっても、その点において「偉大で輝かしい傑作(2)」となる。

(1) *Essais*, **III**, 13.〔モンテーニュ『エセー』第三巻一三章、前掲訳書、第七巻、三二六頁〕

(2) 同書、三二七頁〔訳注〕

＊＊＊

「私は考える《コギト》、ゆえに《エルゴ》私は存在する《スム》(1)〔われ思う、ゆえにわれあり〕」

デカルト（一五九六〜一六五〇）

デカルトの名を知らしめたこの言葉は、実は彼自身が書いたのではなく、のちに刊行されたものの、ほとんど読まれることがなかった『方法序説』のラテン語訳に見られるものである。それにデカルト自身も、「私は考える、ゆえに私は存在する」（*Cogito, ergo sum*）は三段論法の結論として成立するには欠陥を含んでいるとし、これを非常に手厳しく批判している。というのも、「私は考える」は、一般命題の論理（「考えるためには存在しなければならない」）から理解されるものではなく、その体験の瞬間において感じとられるものであり、証明不可能な原則である。だからこそデカルトは、「私はあり、私は存在する」[2]（*Ego sum, ego existo*）という直観的な命題のほうを好んだのである。世界には私しか存在しない、それどころか、まったく何も存在しないと仮定してみよう。私の身体や私自身も含めて、いっさいを疑ったとしても、そのようなことを考え、疑っているという事実から、私が存在するということは確実である――このことは、もし私が考えるのをやめれば、存在することもやめてしまうほどに確実である。それは心理的な事実ではなく、形而上学的な事実である。この事実によって、私の存在は個別的なものと認識され、世界は総体的なものとして取り戻される。主体の思考と自我は直観においてのみ結びつくのであるから、思考は主体の意識であるのみならず、主体の属性でもある。「私はあり、私は存在する」という命題も、観念の明晰判明さによって事物の実在性を説明することができるとしている点で、真の認識となるべき原型のひとつである。たんなる「私」を知全体の出発点に置いた人物は、デカルト以前にはだれもいなかった。

（1）*Specimina philosophiae, seu Dissertatio de Methodo*, traduction latine du Discours de la méthode.〔デカルト『方法序説』第四部、山田弘明訳、ちくま学芸文庫、五七頁〕

(2) デカルト『省察』第二省察、山田弘明訳、ちくま学芸文庫、四五頁〔訳注〕

「動物において脳の運動を変えることができるのだから、人間においては、それをさらによくできるのは明らかだ[1]」

デカルト（一五九六〜一六五〇）

＊＊＊

猟犬を調教するということは、その犬のプログラムを解除したうえで、別のプログラムを組み込むこと、つまり（ヤマウズラを見つけても食べようとはせず、そこで立ち止まるというふうに）情念を新たな動作に結びつけることである。人間においても、情念を魂に結びつける同類のメカニズムが存在する。情念は有用性という基準にそって、身体が欲するものを魂も欲するように仕向ける。しかし魂も同じように、脳、より正確に言えば松果腺という伝達中枢を通して、身体に作用を及ぼしている。意外なことにデカルトの関心は、魂よりも脳のほうに、精神よりも身体のほうに向けられている。松果腺ないしは松果体は、脳内の視床上部に存在する内分泌器であり、今日では睡眠と目覚めの生理的リズムを調節するホルモン、メラトニンを分泌することで知られている。デカルトはこの松果腺に、意志の働きと身体の動きを相互に作用させる機能があるとした。したがって、この心身の回路に働きかけることは、意志には不可能であるが、ある情念を用いて別の情念をかき立てることで、間接的に働きかけることは可能である。たとえある意志の働きが松果腺のなかで、身体の所定の動きに結びついていたとしても、調教や習慣によって、それを別の動きに結びつけることができる。たとえば、臆病者に対しては、逃げることの利点ではなく、立ち向かうことの名誉を思い浮かべるように仕込めばよい。したがって、〔ある〕情念から脱するには〔別の〕情念に従うほかない。主意主義〔意志の働きを〔情念よりも〕重視する立場〕は無益でむなしいものであり、情念にかられた人間に対しては、説き伏せるよりも調教したほうがよい。美徳とは情念に対する闘争ではない。というのも、美徳自体もひとつの情念であり、それはデカルトが高邁とよんだように——日常生活においても、狩猟においても——自由であろうとし、意志を正しく用いようとする情念なのだから。

（1）*Traité des passions de l'âme*, article 50.〔デカルト『情念論』五〇節、谷川多佳子訳、岩波文庫、五〇頁〕

＊　＊　＊

「私は水夫が船に乗っているようなぐあいに、自分の身体に乗っているのではない(1)」

デカルト（一五九六〜一六五〇）

私の身体に起こることは、私にも起きている。私の精神は物質ではないものの、私の身体と緊密に結ばれている。私という人間は、精神と身体を並べたものではなく、それらが結びついたものである。私が生きているこの身体を、私は船長のように操っているのではない。ここでデカルトが主張しているのは、〔心身の〕二元論説ではなく、身体と精神との結合である。身体は、骨や神経や筋肉といった、たんなる要素の組み合わせであるという点で、たしかにひとつの機械と見なしうるが、私がひとりの人間であるということも示している。この「精神と肉体との混合」こそが「私の全体」なのである。感覚を認識の原理とするのは誤りである。というのも、事物はわれわれが感覚するとおりのものではない。いっさいを身体に依拠することなく、知性だけの概念を用いて思考するようなものであるからだ。精神と身体の結合とは、思考と延長という、完全に異なる二つの実体が私の内部にあるということだから、それはほとんど想像を絶している。したがって生命のうちには、物質的なものと精神的なものとの不可分な混合、すなわち概念化できないものが感じられるのだから、生命とはひとつの神秘なのである。おそらくわれわれは、あまりにも合理主義的（cartésien）であるために、それらを理解することができず、身体と精神との区分に執着しすぎているために、デカルト哲学が反対に両者の結合を賛美することに同意できないのかもしれない。

(1) *Méditations métaphysiques*, Sixième Méditation, Paris, Puf, 2005.〔デカルト『省察』第六省察、前掲訳書、一二二頁〕

＊＊＊

「しばらくのあいだ、神そのものの観想にふけり［…］、その広大な光の比類ない美しさを賛嘆し、崇敬するのがよいであろう」[1]

デカルト（一五九六～一六五〇）

形而上学はデカルトの関心事ではなく、デカルトは形而上学において、あまり一貫性のない借用をくり返し、やっつけ仕事をしたにすぎない、と言われてきた。しかしながら、彼の計画の中心には、神の認識を改めようとする強く徹底した意志が見られる。理性の〔認識〕対象としての神の無限は、理性が認識する無限の概念に還元できるものではない。神は観念であり、概念ではない。神をその超越性において、すなわち無限なる存在として認識するには、われわれが抱く無限の概念を捨てなければならない。〔人間のような〕有限なる存在は、無限を有限なるものに単純化しないかぎり、無限について理解できない、というのが明白な論理的規則なのだ。神の本質は悟性によって把握できず、神の属性はすべて合理的に推論できるわけではない。神の正義や慈悲といった、いくつかの属性は認識の領域ではなく、聖書による啓示の領域に属している。こうした〔神の〕不可解性は、神がまさしく形而上学の対象たる存在であることを証明し、肯定するものである。

それとは逆に、デカルトがもっぱら合理的に証明しているように、神意や摂理は明らかに認識の対象となる。逆説的であるが、神の認識能力を理性に与えることで、神の超越性は守られることになる。哲学者たちは神をひとつの概念に簡略化し、理性が想定したものだけを神に見いだすことで、人びとを無関心にし、失望におちいらせてきた。したがって、デカルトの形而上学は、哲学者たちの神に対する最大の批判なのである。

（1）*Méditations métaphysiques*, Troisième Méditation, p. 80.〔デカルト『省察』第三省察、前掲訳書、八二頁〕

＊　＊　＊

「人間は人間にとってオオカミである(1)」

ホッブズ（一五八八〜一六七九）

この言葉は、ローマの劇作家プラウトゥス〔前二五四頃〜前一八四〕からの借用であるが、ホッブズの政治理論の原理をなしている。すなわち、軍隊をもち主権を有する公権力がなければ、万人は万人にとっての敵となり、たえざる闘争状態で暮らすことになる。人間は生まれつき他人を同胞ではなく、脅威と見なすものである。国家を作らなければ、暴力だけが支配することになり、正義や治安、芸術や学問、産業の存在も脅かされるだろう。こうした人間の攻撃的性格は、悪意よりもむしろ欲望から生じ、憎悪よりもむしろ平等性に由来している。というのも、〔自然状態の人間における〕能力の平等は、だれもが幸福に到達できるという希望の平等を生みだすからである。こうして人間は名誉への執着や、支配欲や、飽くなき欲望にかられて、危険な敵対関係におちいる。人間は、なによりも権利を要求するという点で自由な存在である。しかしそれは、残酷さのあらわれではなく、生命原理の肯定であり、前者は死に至らしめるものであるが、後者は平和を目指したものである。われわれが欲するものを所有する権利が侵害されたり、〔他人に〕危害を加えたりすることのないよう、法による制約が必要となる。したがって法とは、権利に対する規制なのである。法は、生命の維持を目指すという点で、自然にかなっており、また、生命を確実に維持するためにいくつもの行為を義務づけるという点で、理性にもかなっている。こうして法は、万人が同じように行動するために、なによりも自分の自然権を放棄して〔社会〕契約を結ぶよう各人に求める。この権利〔自然権〕は、いかなる義務にも従うことのない、絶対的権力を有するひとりの人物、ないしは主権の代表者に譲渡される。そのような状態において、個々の闘争に終止符を打つことができ、治安が保障されるのである。とはいえ、市民生活は隷属状態ではない。主権者がもはや平和を守ろうとしないのならば、臣民たちは自然本来の自由や抵抗権を取り戻すことになる。しかし国際的規模では、いかなる公権力も存在しないため、自然状態、すなわち国家と国家との闘争状態が続いている。

（1）*Du citoyen*, Épître dédicatoire, Paris, Flammarion, 2010.〔ホッブズ『市民論』献辞、本田裕志訳、京都大学学術出版会、四頁〕

＊＊＊

「それは私にとって心地よい感情だから、本当の感情なのだ」[1]

アントワーヌ・アルノー（一六一二～一六九四）

真とは私にとって快適なものであり、偽とはわたしにとって不快なものである。いかなる判断も客観的だと見なされることはできない。あらゆる基準は恣意的なものでしかなく、認識とは結局のところ、「私は好き」か「私は好きでない」かを主張することにすぎない。事物の真偽を決めるものは、理性ではなくて自己愛である。したがって、われわれが本当だと見なしているものは、われわれの個人的評価の結果にすぎない。真と偽は、好きや嫌いを言いあらわすこと以上に、確実性をもっているわけではない。人間は、あらゆる事物を自分の能力や虚栄心、思い上がりにあわせて推し量るという点において、万物の尺度である。われわれが真理とよぶものは、必要に迫られてそう表現されているだけなのだ。

（1）*La Logique de Port-Royal*, Paris, Flammarion, 1992, p. 249.〔アルノー『ポール・ロワイヤル論理学』第三部二〇章六節〕

＊　＊　＊

「心には、理性が知らない、それなりの理由がある(1)」

パスカル（一六二三〜一六六二）

この言葉の意味については、ほとんどの場合誤解されている。パスカルがここで言及しているのは、恋の感情ではなくて認識のことであり、恋する人の心ではなく、学者の心が話題となっている。

パスカルが表わしているのは、理性によって証明できない、直観的に明白な理解のことである。別の言い方をすれば、合理性とは理性による認識だけにかぎるものではなく、推論や原因の探究を逃れる真理がいくつもあるのだ。パスカルにおける心は、聖書に起源をもち、ひとつの認識様式を示している。心は知性というよりも感情であり、信仰や道徳、芸術や科学など、あらゆる領域に入りこむ。心は思考を規制し、意志が従うべき目的も定める。自己を犠牲にして神を愛するよう勧めるのは、心の役割である。困ったことは、想像力の飛躍を心の高揚と取り違え、「感じる」こととすべきことを混同することである。人びとは回心したいという欲望を抱いたときから、自分はすでに回心したと思いこんでいる。

（1） *Pensées*, Paris, Livre de Poche, 2000, fragment 680.〔パスカル『パンセ』ラフュマ版（以下「ラ」）四二三・ブランシュヴィック版（以下「ブ」）二七七、塩川徹也訳、岩波文庫、中巻、六五頁〕

＊　＊　＊

「人間は〈考える葦《あし》〉である（1）」

パスカル（一六二三〜一六六二）

デカルトの「考える私《コギト》」をパスカル流に表現したこの言葉は、考えるということが、自己の弱さを思い知ることであり、まさにそのことによって、自己の偉大さをあらわすことにもなる、という意味である。人間は、みずからが悲惨だということを知っている点で偉大である。たとえ無限なる宇宙が人間を押しつぶしても、人間は、人間を殺すものよりもいっそう高貴であるだろう。なぜなら、人間は自分が死ぬことを知っているからである。強さと弱さは双方から導き出されるものであり、ある人たち（ストア派や、信仰心に欠け、あまり教会に行くことのない、生ぬるいキリスト教徒）が偉大さを説くために示すことが、他の人たちには悲惨さを示すための議論として役立つ。人間がみずからの弱さを認識しているということは、人間が、漠然とであるにせよ、なんらかの完全性を失ってしまったという考えを抱いていることになる。人間の偉大さとは失墜した王の偉大さ〔のようなもの〕であり、その本性は天使の本性でも獣の本性でもなく、その両方を同時にそなえたものである。もし人間が天使にすぎないのであれば、人間は絶望を味わうことがないだろう。もし人間が獣にすぎないのであれば、政治的秩序や正しい法律を築くことができなかったであろう。人間の偉大さは、もはや痕跡として人間の内部に残っているにすぎないが、自己の不幸を感じさせるにはちょうど充分なものである。このように、人間本性の悲惨さの根底にあるのは、失ってしまったものへの希求なのである。

（1）*Pensées*, fragment 145.〔パスカル『パンセ』ラ二〇〇・ブ三四七、前掲訳書、上巻、二五七頁〕

＊
＊
＊

「クレオパトラの鼻がもう少し低かったなら、地球の表面はすっかり変わっていただろう」(1)

パスカル（一六二三〜一六六二）

パスカルは独特の文体をもっている。彼の独創性は、滑稽さと推論を混ぜ合わせる点にある。〔この言葉によれば〕歴史や国家、戦争は、鼻の形状のみに由来するという。というのも、人間を支配するのは理性ではなく、想像力であるからだ。想像力は、他愛のないものを過大評価し、重要なものをないがしろにする力をもち、幻覚や妄想の根源であり、われわれの情念や習慣、不安のあらわれである。想像力は現実世界の骨組みとなり、われわれの行動を動機づける。したがって、探究すべきものは原因ではなくて事象の理由であり、個々の事象の理由を探れば、一見して偶然や不条理や矛盾にすぎないものにも、なんらかの意味を与えることができる。たいていの場合、事物の成り行きを変えるものは、空想や気まぐれから生じた考えや、取るに足らないことである。「クロムウェル〔一五九九〜

一六五八、イギリスの軍人〕は全キリスト教界を荒廃させようとしていた。国王の一族は失墜し、彼の一族が永久に権力を握るところだった。もしも彼の尿管に一粒の結石ができなければ[2]」。歴史において、想像力なしに達成された偉業は何もない。想像力こそは「誤りと偽りの主人[3]」であり、一種の反理性なのである。それは整合性をよそおい、正常さをまね、真と偽を判別できなくし、偉大なものと卑俗なものとの区別を不可能にする。

（1）*Pensées*, fragment 32.〔パスカル『パンセ』ラ四一三・ブ一六二、前掲書訳、中巻、四四頁〕
（2）同書、ラ七五〇・ブ一七六〔訳注〕
（3）同書、ラ四四・ブ八二〔訳注〕

＊＊＊

「自己愛とは、自分自身を愛し、
あらゆるものを自分のために愛する愛のことである[1]」
ラ・ロシュフコー（一六一三〜一六八〇）

われわれは、自分自身にとっては崇拝の対象であるが、他人にとっては横暴な存在である。こうして自分自身に惚れ、他人を支配したがることの原因は、自己愛にある。自己愛は十七世紀において、ラ・ロシュフコーをはじめとするモラリストたちの研究対象であった。自己愛は、人間にいかなる恒常的なアイデンティティも与えずに、たえず姿を変えながら人間のうちにひそむ、いわば人間の本質なのである。自己愛はあらゆる行動や感情の原理をなし、無意識的な衝動のように働きかけるため、われわれが警戒したところで、その内奥や隠れた部分は察知されることがない。自己愛はあらゆる美徳を悪徳で染め上げ、どんな長所も偽りに、どんな誠実さも見せかけのものにしてしまう。自己愛は内心の敵、しかも自身とは正反対のもの（無私無欲、慈悲、あるいは友情）になりすますことができるだけに、いっそう悪賢い敵である。そのことから、人間の内部で善と悪が共存しているのではなく、それらが複雑に絡みあっているということを、自己愛は示している。人間はあやまちを犯しやすいだけでなく、堕落した存在でもある。ただひとつの解決法とは、人間をあざ笑うことであろう。人間の教化に役立つものはひとつもない。笑いものにすべきなのだ。深く考えるよりも、あざ笑ったほうがよい。

（1） *Maximes*, « Maxime 1 supprimée », Paris, Robert Laffont, 1992, p. 179.〔ラ・ロシュフコー「削除された箴言一」『箴言集』、二宮フサ訳、岩波文庫、一四七頁〕

＊　＊　＊

「わたしは全能なる神への冒瀆を恐れずに言おう。
神が醜悪なものを望むことはないのだ、と[1]」

マルブランシュ（一六三八～一七一五）

世界が善良かつ全能なる神によって造られたのであれば、いかにして悪の存在を説明すべきであろうか。ライプニッツが一七一〇年に弁神論（théodicée）という用語を作ったのは、神の正義を守るためであった。ライプニッツの理論では、悪は世界の完全性から見れば悪ではなく、ちょうど醜さが絵画作品の均整美を支え、あるいは不協和音が旋律の調和に役立つように、悪もまた世界の完全性に協力するのだ、ということが示されている。したがって、悪にはいかなる積極的な実在性もない。この理論に対抗すべく、マルブランシュは別の弁神論を主張する。彼によると、全体がどれほど美しくとも、悪は悪のままであり、苦や醜悪さは相対的ではなく、実在的なものである。苦や醜悪さは、それにさいなまれる人にとっては、本質的かつ必然的に悪と感じられる。そこにこそ現実があり、無視したり早急に見過ごしたりしてはならない個別的な判断があるのだ。

世界が完全であるのは、神が細部の完全性と規則の統一性とのあいだでバランスをとり、もっとも単純な方法によって世界を造ったからである。創造主の原則とは、「より少なきことはより多きこと」（*less is more*）、すなわち方法を節約して最良のものを造る、という規則である。悪は、神がみずからの存在と知恵にふさわしい方法で創造しなければならないという必要性から生じたのである。神は全能の力により、醜悪なものを造らないことも可能であったが、それでも神は、完全なる存在としてみずからに負う知恵によって、醜悪なものを造ることを望んだのである。

そのことから、創造の内部にある悪の存在は、結局のところ正当化されるのは確かであるが、マルブランシュの独創性は、苦や不幸を（一見したところ）不合理なものと見なしている点にある。

（1） Troisième lettre en réponse aux objections tirées des « Réflexions philosophiques et théologiques », *Œuvres complètes*, Paris, Éd. du CNRS, 1978, t. VIII, p. 765. 〔ニコラ・マルブランシュ『アルノー著「哲学的・神学的省察」での批判に答えた手紙』第三の手紙〕

＊　＊　＊

「〔自然のなかの人間は〕国家のなかの国家[1]〔なのではない〕」

スピノザ（一六三二～一六七七）

人間が自由であるならば、自然の法則や因果関係から逃れるはずであろう。さらに例外的な政体に属し、国家における国家のようなもの、すなわち自治的な領域を設けるはずであろう。人間が自由であるならば、必然性の支配から逃れることであろう。人間は意志をもつ存在として、このような〔自由という〕特権を与えられているが、その反面で、人間の自由は弱いものであり、情念に抵抗する能力をもっていない、という非難もつねにある。したがって、自由意志をもっとも称賛する人たちは、自由意志の無力さをもっとも多く見せる人たちでもあるのだ。

こうした道徳的判断とは逆に、スピノザの関心事は、人間の感情をふたたび自然なものにし、心理的・生理的機能そのものの内部に組み込むことにある。情念は自然界の万物と同じように法則に従う。実は、人間の弱さと見なされているものの背後には、結果を必然的に生みだす自然の力があるのだ。自然のなかには、いかなる悪徳も、いかなる領地もない。〔自然における〕法則性はひとつであり、いっさいはこの法則性に従属している。自由意志は、無差別の自由とされるものであれ、取捨選択の能力とされるものであれ、われわれを自分自身の行動の決定要因と見なすという無知から生じた幻想にすぎない。だからこそわれわれは、自分自身が自然の外にあると思いこむのである。だが、弱さやあやまちは自然本来のものである。弱さやあやまちを制御するには、それらを認識しなければならない。取捨選択の能力は自由の条件でも、自由のあらわれでもない。というのも、自由であるということは、世界や自然の必然性にあわせて自己を決定することなのだから。

（1） *Éthique*, Troisième partie, Préface, trad. Ch. Appuhn, Paris, Flammarion, 1993.〔スピノザ『エティカ』第三部序文、工藤喜作・斎藤博訳、中公クラシックス、一七二頁〕

＊　＊　＊

「神、すなわち自然(1)（*Deus sive natura*）」

スピノザ（一六三二～一六七七）

神は、自己から切り離された自然や、自己と根本的に異なる自然を、創造することも定めることもない。形而上学は哲学と同じように、人間にならって神を認識し、知性と意志とを区別し、実現すべき目的に応じて神の活動を認識する。しかし、神は自由意志の気まぐれにそって行動するのではなく、つねに同一の必然性をもって存在し、行動する。その点において、神は自然と同じである。自然――それは、法則性を生みだす原理、すなわち能産的自然〔nature *naturante*〕として理解されると同時に、この法則性によって生みだされる諸事物やそれらの変化、すなわち所産的自然〔nature *naturée*〕としても理解される――の外には何もない。いっさいは神の本質の必然性から生じたものであり、完全に理解できるがゆえに、自然の外には不可思議も奇跡もない。神は裁き手でも救い主でもなければ、われわれに崇拝や服従を求めることもなく、それゆえ神は畏れも希望もかき立てることはない。神は唯一にして無限の全能なる実体である。神は無限の属性をもっているが、われわれが知っているのは延長〔物体〕と思考〔精神〕という属性だけである。いっさいの存在するものは神の実体の変化と様相である。神は自然の法則そのものであり、因果関係の必然的な秩序である。したがって、この秩序を十全に認識すれば、神と同じように認識することができる。しかしながら、日常生活の個別的な問題に関しては、われわれは事物と原因との必然的な結びつきをそのように十全に認識しようと気を配る必要はない。生は必然性よりも幻想によって満足するものであり、生において有益なものは、哲学よりも無知である。

(1) *Éthique*, Quatrième partie, Proposition 4, Démonstration, op. cit.〔スピノザ『エティカ』第四部定理四証明、前掲訳書、三〇七頁〕

* * *

「あるものが善であるのは、
そもそも私がそれを欲するからである(1)」

スピノザ(一六三二〜一六七七)

善にも悪にも絶対的なものは存在しない。われわれにとっては有益なもの、もしくは有害なものしか存在しないのであり、倫理学の役割とは、そうしたものについての正しい認識をもたらすことにある。われわれは、あるものを善と判断するからそれを欲するのではなく、あるものを欲するからそれを善と判断するのである。道徳や政治や宗教の価値観を作りあげるのは欲望である。われわれは、われわれの存在を確実に保存してくれるもの、われわれの行動力を守り、増強してくれるものを欲する。したがって徳とは、生命を維持し、生命を肯定する力能であり、力と同じものである。悪とはけっして絶対的なものではなく、こうした力を妨げるものにすぎない。有徳な者とは、超越的な価値観に従う人物ではない。というのも超越的な価値観は、外部から人間に押しつけられ、人間の無力さを示すものであるからだ。有徳な者とは、自己の本性に従って行動し、自己の本性を最大限に活用する人物である。それは自己を実現すること、すなわち自己の行動の十全な原因となることである。

（1） *Éthique*, Troisième partie, 9, scolie, op. cit.〔スピノザ『エティカ』第三部定理九注解、前掲訳書、一九三頁〕

＊　＊　＊

「おのれを捨てなさい。
そうすれば、安らぎを得ることができるでしょう」[1]

フェヌロン（一六五一〜一七一五）

アウグスティヌスが説いた自己愛と神への愛との対立から、フェヌロンは神秘主義の思想、すなわち純愛の思想を引き出す。フェヌロンによると、われわれは自分のためではなく、神のために神を愛するべきである。われわれが神に捧げる愛においては、愛や、救済や、至福といった、われわれにとって神が象徴するものを取り払わなければならない。われわれは地獄においても、すなわち、神からの恩恵がいっさい得られないような状態においても、神を愛することができなければならない。なぜならば、真に愛するということは、いっさいの見返りを期待することなく、無条件に愛することであるからだ。神は、われわれの「心の奥底」[2]にある我欲を追及するねたみ深い神であるが、だからといって真の無私無欲の基準が、厳格さや不安や罪悪感にあるというわけではない。フェヌロンは逆説を用いて霊的生活の原理を打ち立てる。人は何も欲しないことで最善のものを欲するのであり、みずからを捨てることでみずからを見いだすのであり、すべてをなくすことで満ち足りた状態になるのである。フェヌロンは、自分自身から解き放され、罰や報いなどのいっさいの心配事が取りのぞかれた状態で、現在の瞬間を生きるように勧める。

（1）*Lettres et opuscules spirituels*, Paris, Gallimard, 1983, p. 578.〔フェヌロン『諸情念とキリスト教の教え』

第一七章「放蕩と悲しみについて」〕
（2）同書、第一五章「誘惑への抵抗について」〔訳注〕

＊＊＊

「労働の成果は、まさしくそれを宿した人のものである(1)」

ロック（一六三二〜一七〇四）

いかにして私的所有を正当化することができるのだろうか。それは自分の身体に対する所有権という、より基本的な所有権に由来するという点を示すことで、正当化することができる。私は自分の身体の所有者であり、それゆえ私は、私の身体が作りあげるいっさいの所有者であり、私の身体が自然の恵みに与える価値の所有者でもあるのだ。したがって、他の人たちや共同体や国家が、私の労働の成果に対してなんらかの権利をもつことは許されない。「考える私《コギト》」がロックの思想にあるとすれば、それは労働の所有者としての私である。労働は自己疎外の原因となるのではなく、むしろ人格を形成し、人格を実現するものである。したがって、私的所有を排除することは、個人の固有性や人間性をつくる機会を奪いとることになるのである。

(1) *Traité du gouvernement civil*, Paris, Puf, 1994, chap. v, §27, p. 22.〔ジョン・ロック『統治論』第五章二七節、宮川透訳、中公クラシックス、三三頁〕

＊＊＊

「人間の魂は一種の精神的な自動機械である[1]」

ライプニッツ(一六四六〜一七一六)

「とはいえ人間は自由である」と、ライプニッツは続けて述べる。われわれの行為は、偶発的なものであれ、すべて機械的におこなわれる。身体におけるいっさいが運動の法則に従って生じるように、魂におけるいっさいも欲望の法則に従って生じる。われわれは、理性からくる傾動であれ、情念からくる傾動であれ、みずからの傾動に従って行動する。このように各人は、いずれおこなう行為の一部始終を内含しているが、外的な必然性からではなく、自分の行為によって運命を招いているという点で、自分の運命の作り主でもある。ライプニッツは原因なき自由という考えを否定する。彼によると、動機のない行為はない。われわれの意識はしばしば、われわれを行為に駆りたてる原因をほとんど自覚することはないが、それでもこれらの原因はわれわれの行為に作用を及ぼしている。したがって、あるものがなぜ存在し、それがなぜ別のあり方ではなく、現にあるようになっているのかという理由なしには、何も存在することができない、という充分な理由の原理〔充足理由律〕があるのだ。カエサルがルビコン川を渡ったのは、カエサルがカエサルという人物であり、たとえ別の行動をとることも可能であったにせよ、彼自身の動機に従って行動したからである。神はわれわれがいずれおこなう行為を知っているが、われわれを行為に駆りたてるのは神の知ではない。われわれの行為は神が予知したとおりに実現されるが、神が予知したから実現されるのではない。われわれはみずからこの世界を選んだわけではないが、それでもわれわれはこの世界において、自分の行為に対する責任を負っている。したがって、自由であるということは、われわれを動かす原因に従いつつも、それに強制されずに行動することである。

この自由はカントによると、「ひとたびゼンマイを巻かれると、ひとりでに運動を続ける回転串焼き機」[2]の自由となんら変わりがない。というのも自由とは、自発性と同じものであり、まったく望むことも想定することもなかった一連の出来事をみずから始める能力であるからだ。

(1) *Théodicée*, Paris, Flammarion, 1969, §52, p. 132.〔ライプニッツ『弁神論』第一部五二節、佐々木能章訳、工作舎、下巻、一五九頁〕

(2) エマニュエル・カント『実践理性批判』第一部第一篇〔訳注〕

＊＊＊

「この世界は〈あらゆる可能な世界のうちで最善なる世界〉である(1)」

ライプニッツ〔一六四六～一七一六〕

ヴォルテール〔一六九四～一七七八、フランスの啓蒙思想家・文学者〕やカンディード〔ヴォルテールの短編小説『カンディード』の主人公〕の主張とは異なり、ライプニッツはけっして「あらゆる可能な世界のうちで最善なるこの世界において、すべては最善の状態にある(2)」と主張してはいない。この造られた世界は、たしかに神による最善の選択の結果ではあるが、それでも不完全性がないではないし、あえて行動しなくてもよいというわけでもない。この世界は可能な選択肢としてある――そして可能なままに止めおかれてある――さまざまな世界のなかから選ばれたものである。したがって被造物は、〔神の〕可能性の限度ではなく、神がとった最善の選択をあらわすものである。だからこそ無ではなく、むしろなにものかがあるのだ。完全性は、秩序と多様性との最高度の組み合わせから生じる。可能性から実在性への移行を促すものは、諸々の可能性のあいだの協調的性質や、それらの可能性が神の悟性にもたらす喜びである。いっさいが創造に値するとはかぎらない。この世界が完全であるとともに偶然的な存在であることを説明づけるのは、可能性にもたらされる品位である。神の力は、すべてを生みだすことではなく、もっとも立派なもの、つまりもっとも素晴らしくもっとも祝福すべきものを生みだすことにある。神は自分に似つかわしい世界を造り、叡智的な存在と交わることを選ぶ。こうした神の人格的な交わりこそが、諸々の可能性を分類する基準とされうるのである。他のさまざまな世界も可能であるが、こうした精神の王国を築くことができないために排除されている。

理性は多様なものを一様化するという理由でしばしば批判されるが、ライプニッツはこうした批判に対して、理性はむしろ多様性を望むことを示している。「書斎に千冊ものウェルギリウス〔の本〕を束ねて置いておくこと、〔…〕ヤマウズラしか食べないこと、ハンガリーのワインかシラズ〔イランの都市〕のワインしか飲まないこと、こうしたことが理性的だと言えるだろうか」（『弁神論』一二四節）。

（1）*La Monadologie*, §53-55, Paris, Puf, 1954.〔ライプニッツ『モナドロジー』五三〜五五節、清水富雄・竹田篤司訳、中公クラシックス、二二頁〕

（2）ヴォルテール『カンディード』第一章、植田祐次訳、岩波文庫、二六四〜二六五頁〔訳注〕

＊　＊　＊

「事物が存在するということは、
それが知覚されているということである[1]」

バークリー（一六八五〜一七五三）

現実とはわれわれが知覚しているものであり、事物の本質に近づくための唯一の手がかりは観念である。したがって、われわれが抱く観念とは関係のない物体の存在は、虚構ということになる。バークリーの目的は、あらゆる認識の相対性を主張することではなく、〔外界の実在性を前提とした〕懐疑主義に対抗することである。われわれが知覚するもの以外に事物が存在しないのであれば、神についてであれ、外界についてであれ、なんらかの未知なるものが観念の外部に実在するということは、けっしてありえない。バークリーはデカルトにおいて真理の一部にすぎなかったものを抜き出して考える。〔デカルトによると〕たしかに私は、ただ自分が抱く観念によってしか事物を認識できないが、これらの観念が表象するもの、すなわち観念の「表象的実在性[2]」は、必然的に事物のなかにある。デカルトの考察は、認識の基盤とともに事物の存在が対象となっているという点で、認識論的であるだけでなく存在論的でもある。一方、バークリーにおいて、観念の表象的実在性、すなわち観念の表象力は、外界の実在にとってかわり、観念の存在こそが現実とされる。したがって、われわれの認識が対象としているものは、〔外界の事物ではなく〕認識そのものにすぎない。のちにフッサールは、世界はただ意識としてのみ存在する、と主張することになる。

（1）*Principes de la connaissance humaine*, Paris, Puf, 1985, p. 320.〔バークリー『人知原理論』第一部第三節、宮武昭訳、ちくま学芸文庫、五六頁〕
（2）デカルト『省察』第三省察、前掲訳書、六六頁〔訳注〕

＊＊＊

「悪徳は公益をもたらす[1]」

マンデヴィル（一六七〇〜一七三三）

正直な人間になってほしい、と人びとに願うのもよいが、そのためには「ドングリを食べて生きる[2]」ような生活にも耐えなければならない。というのも、国家に富を確実にもたらしてくれるのは、美徳ではなくて悪徳だからである。われわれが思い上がりや、羨望や、利潤の追求によっておこなう行為は、公益をかえりみたものではなくても、実は公益に寄与している。それとは反対に、正直さや、謙虚さや、質素さは、あらゆるものを衰退させる。悪徳は社会に必要なものであり、私益の追求は公益のために不可欠なものである。情念は道徳的にはおそらく非難すべきものであろうが、経済的には望ましいものである。財産を蓄えてそれを見せびらかしたいという欲望がなければ、奢侈や消費がなければ、社会や文化は存在しないだろう。これこそが、十七世紀のモラリストたちが自己愛や私利私欲についておこなった批判的考察から生じた、自由主義経済に関する基本的原則である。

（1）*La Fable des abeilles*, Paris, Vrin, 1998, p. 40.〔マンデヴィル「ブンブンうなる蜂の巣」『蜂の寓話』、泉谷治訳、法政大学出版局、三五頁〕

（2）同書〔訳注〕

＊　＊　＊

「自分の指にひっかき傷をつけるよりも、
全世界が破壊されるほうを望んだとしても、
理性に反することではない[1]」

ヒューム（一七一一〜一七七六）

われわれは愛煙家や振られた人に対して、道理をわきまえなさいと忠告する。このように、われわれの行動を理性の命令に従わせることは、哲学者においても大衆においても、古代から現代にいたるまでの、あらゆる道徳の根本的原則とされている。しかし、理性と情念はそれぞれ判断力と情動という異質の領域に属しているのだから、この原則は実行不可能であるし無駄でもある。情念はなにも表象しないし、いかなる表象対象を指し示すこともない。その点において、情念は真でも偽でもない。理性は意志のいかなる働きの動機にもならない。理性は、事物の相互的なつながり〔因果関係〕を明らかにするだけであり、同意や反発といったわずかな情動さえ、生みだすことも阻止することもできない。理性はいかなる情念を正当化することも断罪することもできないのだから、利己主義は慈愛よりも理性に反するわけではない。したがって、理性は情念の奴隷なのであり、ある情念に対抗できるものは、それに対立する情念以外には何もない。政治権力さえも、大多数の人びとの感情に従わざるをえず、せいぜい教育や喧伝活動によって彼らの感情を屈服させることしかできない。

（1） *Traité de la nature humaine*, II, III, 3.〔ヒューム『人間本性論』第二巻第三部第三節、石川徹ほか訳、法政大学出版局、第二巻、一六四頁〕

＊　＊　＊

「［あらゆる国民は］つぎの三つの人間的な習俗を遵守している。すなわち、いずれの国民もなんらかの宗教をもち、婚姻を取り結び、死者を埋葬している(1)」

ヴィーコ（一六六八〜一七四四）

ヴィーコによれば、歴史は自然科学と同じように、普遍的原則に従うものであり、その原則とはすなわち、宗教的信仰、結婚、死者の埋葬である。これら三つの原則が満たされているかぎり、国家は存在する。さもないと、人間たちはもはや社会を形成することなく、「原初の野蛮状態に戻り」、世界は「ふたたび森林に覆われる」ことになる。「もっとも原始的な」国民でさえも、これら三つの原則を遵守している。したがって、歴史をもたないと言えるような国民はいっさいおらず、原始的な社会とは、実のところは文明化した国家の保存記録《アーカイブ》にすぎない、ということになる。ヴィーコにとって、歴史学とは、諸国民の進歩の法則を前提とし、確固とした材料に依拠しながら、諸観念の順序と諸事実の順序とのあいだに厳密な対応関係を築くものである。その点において、ヴィーコはのちに人間科学となる学問の先駆者なのである。

（1）*Principes de la philosophie de l'histoire* (*Scienza nuova*), Paris, J. Renouard, 1827, I, chap. III, p. 77.〔ヴィーコ『新しい学』第一巻第三部、上村忠男訳、法政大学出版局、第一巻、一八七頁〕

＊＊＊

「自由とは、法の許すかぎりにおいて、すべてをなすことができる権利である(1)」

モンテスキュー（一六八九〜一七五五）

自由とは、望むことをなすことではなくて、法が認めることをなすことである。法律は各人に対して、権利を与えるとともに義務を割り当てるが、この義務こそが万人の自由の条件となっている。ある人たちの自由が、他の人たちの自由を妨げてはならない。法がなければ、すなわち、ひとりないし万人の権限が各人の生命や財産をおびやかすことはないという保証がなければ、自由は存在しえない。したがって、民主制は自由と同じではない。というのも、民主制は実のところ放縦のうえに成り立っており、独裁制に変わるおそれがあるからだ。人民も独裁者も、無政府状態や圧制に向かい、各人の安全を否定してしまう傾向をみずからのうちに含んでいる。

（1） *L'Esprit des lois*, Paris, Flammarion, 2013, XI, 3, p. 292.〔モンテスキュー『法の精神』第一一篇第三章、井上堯裕訳、中公クラシックス、一二七頁〕

＊＊＊

「人間は生まれながらにして自由であるが、
しかしいたるところで鉄鎖につながれている(1)」

ルソー（一七一二〜一七七八）

共同体と自由を両立させるには、どのようにしたらよいのだろうか。公正とされる社会、すなわち服従と独立をあわせもつことのできる社会は、いかなる条件のもとで可能なのだろうか。人間は本来、自由になるために生まれたのに、いたるところで隷属状態にあり、社会的生活は自然状態の喪失と退廃にほかならない。隷属状態で生きているのは被支配者だけではない。支配者もまた、臣民たちの偏見や移り気に左右されているという点で、隷属状態で生きている。したがって、文明のなかで人間の本性を保ち、政治活動のなかで人間本来の自由を守る方法を見いださなければならない。唯一の解決策は、服従と自由が一致すること、すなわち法と主権者への服従が各人にとっての独立の保障となるようにすることである。これこそが社会契約の目的である。この契約により、各人がすべての人に自己を譲り渡すことで、社会全体の結合が保障されるのである。この契約から生じる一般意志とは、各人の恣意や利己心や激情を排した意志のことである。とはいえ、一般意志は各人の利益に対立するものではない。われわれは主体となる一般意志に服従するとき、われわれが市民として発布した法だけでなく、自分自身にも服従するのだから、われわれは自由になるのである。このようにして成立した社会は、自由と平等を結びつけ、生来の〔身体的ないし知的〕不平等にかわって法の下の平等を定める。

（1）*Du contrat social*, Paris, Gallimard, 1966, tome III, I, p. 351.〔ルソー『社会契約論』第一篇第一章、井上幸治訳、中公クラシックス、二〇七頁〕

＊＊＊

「健康も病気も、われわれの思想を作りあげる[1]」

ディドロ（一七一三〜一七八四）

思考は身体のひとつの機能である。というのも、物質こそが唯一の実在物だからである。物質は、有機物や無機物、鉱物、植物、人間や動物を、完全な連続性とひとつの感覚性に統合する。いっさいは感覚能力をもち、みずからの感性を呼び覚ます能力をもっている。したがって食事をすることは、見かけ上は生命のない物質を吸収し、肉に変えるということになる。消化活動はいわば生物の本質ともいえる。ディドロの友人である医師テオフィル・ド・ボルドゥ〔一七二二〜一七七六、フランスの医師・思想家〕は、胃が人間の生命活動の中枢であり、精神病の原因でもあるとした。哲学は、いかに観念的なものであっても、結局のところわれわれの消化管の働きのよしあしを反映したものでしかない。哲学するのは肉体なのであり、精神ではない。したがってディドロは、のちに形而上学的観念論を肉体の虚弱さの症候としたニーチェの主張より先んじている。「偉大な哲学者たちは、おかしな出来ばえをしている。カント、ヘーゲル、ショーペンハウアー、スピノザ！　奴らはなんと貧弱で、なんと偏屈であることか！」（「遺された断想」）

（1）« Lettre à Vialet, juillet 1766 », *Correspondance*, Éd. Assezat, 1875-1877, t. V, p. 642.〔ディドロ「ヴィアレ氏宛の書簡、一七六六年七月付」『書簡集』〕

＊＊＊

「われわれが夕食にありつけるのは、肉屋や酒屋やパン屋の博愛心によるのではない(1)」

アダム・スミス（一七二三〜一七九〇）

社会も経済も、各人の親切心によって成立するのではなく、むしろ各人の個人的利益に対する執着によって成立する。公益の根底にあるものは、人びとの博愛ではなくてエゴイズムである。このように、自分の利得だけを考えようとする性向から、繁栄や協定や交易が生じる。したがって、各人にそれぞれの利益を追求する自由を与えることが、あらゆる人の発展を促進することになる。他人から敬意や共感を得たいという、経済にかかわりのない情念さえも、富裕がゆきわたることで満たされるのである。人間を特徴づけるものは、このように契約や物々交換や売買によって自分の要求を満たす能力であるが、この能力にはおそらく理性と言語の使用がともなっているのかもしれない。こうして分業が生じたのであり、各人はみずからを最大限に満足させるために、〔分業を通して〕各自の才能を伸ばすとともに、あらゆる人の幸福に寄与するのである。

しかしながら、スミスは、資本主義社会の起源にあるこの分業が、人間に画一的な生活をもたらすだけでなく、商業が人びとの心を軟弱にし、知性をゆがめ、あらゆる精神的な高揚を妨げ、その結果として勇敢さが消え、教育がおろそかにされてゆく、ということも念のために付言している（『法学講義』第二部）。

（1）*La Richesse des nations*, Paris, Puf, 1995, II, 1.〔アダム・スミス『国富論』第一篇第二章、大河内一男監訳、中公文庫、第一巻、二六頁〕

＊　＊　＊

「無条件に善であるとみなせるもの、
それは善良な意志〔善意志〕だけである[1]」

カント（一七二四〜一八〇四）

意志が善であるか否かは、その目的や結果ではなく、意志をつき動かす意図によって考えることができる。義務感から行動すること、すなわち理性が命じる道徳律に対する尊敬そのものから行動することだけが、ある行為が善であることを裏づけるのである。それこそが、利害や損得や報酬をかえりみることなく、原理にもとづいて行動できるということなのだ。愛情や共感や哀れみは、純粋な義務ではなく感情、すなわち不安定でかぎられたものに道徳を従わせることになるのだから、善い行為をなしとげるのに充分なものではない。

しかし、この義務は自由でもある。というのも、ただ自由な人間だけが、あらゆる（社会的、文化的、心理的）原因につき動かされることなく、原理にもとづいて行動できるからである。道徳は原理にもとづいて行動することを要求し、人間は原理にもとづいて行動するときに、みずからの行動原理〔格率〕が万人に対する法則として通用しうることを望むことができる。したがって、私は「自分の行動原理が同時に普遍的な法則となることを欲することができるような行動原理だけにしたがって行動し」なければならない。(2) これこそが定言命法とよばれるもの、すなわちさまざまな状況やわれわれの気分や好みに左右されることなく、いかなる場合にも〔理性が〕命じる命法なのである。カントの倫理学がもつこのうえない力は、感情の不安定さや共感の弱さから道徳を引き離すところにある。

(1) *Fondements de la métaphysique des mœurs*, Paris, Delagrave, 1979, p. 87.〔カント『道徳形而上学の基礎づけ』第一章、中山元訳、光文社古典新訳文庫、二九頁〕
(2) 同書、第二章、一一二頁〔訳注〕

＊＊＊

「われわれが事物について先天的《ア・プリオリ》に認識するものは、われわれ自身が事物のなかへ置いたものだけである(1)」

カント(一七二四～一八〇四)

認識とは、いっさいの「主観的な」付属物を取りのぞき、現実を「客観的に」記したものであり、自己のものをいっさい加えずに、実在する事物の真理を経験によって寄せ集めたものである、と思われがちである。カントはそれと正反対の見解を主張することで、コペルニクスが天文学でなしとげた変革に匹敵することを、哲学においておこなった。すなわち、太陽が地球のまわりを回っていないのと同じように、主体が対象のまわりを回っているのではないのだ。秩序や法則性は、事物ではなくて精神のなかに存在するのであり、精神が事物を認識して、そこに秩序や法則性を投げ入れるのである。われわれは感覚を通して、なにかが起きているということ〔物体が落下する、動作の様子がごく自然に見える、など〕を観察するだけであり、感覚を用いて因果関係を打ち立てたり普遍的法則を引き出したりすることはできない。認識が確実なものとなるには、認識が先天的《ア・プリオリ》であること、すなわち認識が経験から独立し、感覚の雑多な混沌状態を整理する能力をもつことが必要である。したがって、悟性こそが経験の主人として、経験に左右されない諸原則にもとづいて経験をまとめ上げるのである。

理性は、それだけで孤立した〔純粋な〕状態では、自己矛盾〔二律背反〕におちいり、何も決定的なことを主張しない。他方、経験だけでは何も確実な認識を得ることはない。認識にいたるには、〔理性および悟性が形成する〕概念と〔経験を可能にする〕感性との結びつきが必要となる。感性にもとづく経験が素材をもたらさなければ、概念は空虚な形式のままである。そのことから、われわれは事物を〔それ自体として〕あるがままにとらえているのではなく、とりわけ〔感性の形式である〕空間と時間を通して、われわれ〔の意識〕に現われるがままにとらえているのだ。悟性は認識する事物の〔客観的〕実在性を生みだすことはない。

したがって哲学には、われわれにとって認識可能な範囲を定めたうえで、真理にたどりつくのに

〔それぞれの認識能力が〕占めるべき居住空間の分布図を作るという、批判的な任務があるのだ。

（1）*Critique de la raison pure*, préface à la seconde édition (1787), Paris, Puf, 2012, p. 19.〔カント『純粋理性批判』第二版序文、宇都宮芳明監訳、以文社、上巻、二四頁〕

＊＊＊

「美とは、概念にかかわりなく、普遍的に快いとされるものである」（1）

カント（一七二四～一八〇四）

趣味や好みについては、議論しないほうがよい。というのも、善や美について一致を見いだすのは不可能だからである。カントが主張したのは、まさしくこれと正反対の意見である。私がある美的判断を下すとき、それはたんに個人的な快や不快を表わしているのではなく、この快や不快が万人にも通用するはずだと言いたいのである。私は主観的な満足を、客観的価値に相当するものとして表明しているのである。だからといって、美が真偽の領域に属するわけではない。美は認識の領域ではなく、快ないし不快の領域に属するのである。あるものが私にとって快いということは、あるものを判断力の法則性から解放するのではなく、あるものを正しさや、さらには有用性という規範の外に置くのである。美が定義の対象になりえないということは、美を言明しがたいものにするわけでも、相対的なものにするわけでもない。カントにならえば、われわれが鑑賞する対象をないがしろにして、われわれの見方にこだわること、対象を「美化し」ようとすることは、美を俗悪なものにおとしめることになる、と言えるのかもしれない。

（1）*Critique de la faculté de juger*, Paris, Gallimard, 1985, p. 978.〔カント「判断力批判」『カント全集』第八巻、第一章第六節、牧野英二訳、岩波書店、六六頁〕

＊　＊　＊

「否定的なものの厳粛さ、苦痛、忍耐、そして労苦[1]」

ヘーゲル（一七七〇〜一八三一）

事物が現にあるように存在し、真理が生じるのは、苦痛と忍耐をともなう鍛錬の結果なのである。直観的なものや直接的な〔無媒介の〕ものは、いずれも真ではない。概念化の労苦なしには、経験的なものはいずれも意味をなさない。事物はけっして「もともとそうなっている」のではなく、いっさいは変化と運動なのである。実在物をそれ自身に対峙させるこの否定の作業は、直観的なものの否定、およびこの否定の否定によって、より高次元の肯定に達する。ヘーゲルの思弁哲学は、観念論でも経験論でもなく、一般的な抽象概念も平凡な証拠もしりぞける。彼の思弁哲学の役割とは、もっとも直接的な〔無媒介の〕ものはつねに媒介の結果であり、もっとも完全な認識は〔認識の〕出発点への回帰である、という点を示すことにある。ただし、この出発点への回帰は、現実世界と意識との感覚的な接触を経て、いっさいの対立を克服しつつも、それらを内含した豊かなものである。否定という作業自体は、悟性によってなしとげられ、「古い形而上学[2]」、すなわち真と偽、個人と国家、主体と客体、有限と無限といった対立によって展開する形而上学を作りだす。しかし、二元論を超越して対立を和解させなければならない。このような弁証法は、差異を消し去る機械のようなものではなく、もっとも直接的な〔無媒介の〕ものに絶対者の存在を読みとり、あらゆる対立や葛藤によって実在物のありさまを豊かにしようとする意志〔のあらわれ〕である。

（1）*Phénoménologie de l'esprit*, Préface, Paris, Flammarion, 1996, p. 59.〔ヘーゲル『精神現象学』、樫山欽四郎訳、平凡社ライブラリー、上巻、三三頁〕

（2）ヘーゲル『論理学　哲学の集大成・要綱第一部』第一部A第二八節、長谷川宏訳、一〇二頁〔訳注〕

＊　＊　＊

「理性的であるものこそ現実的であり、
現実的であるものこそ理性的である」(1)

ヘーゲル(一七七〇〜一八三一)

この言葉に含まれる途方もない野心を誇張するために、普遍性の理念をこめて「あらゆる理性的なものは現実的なものであり……」と不正確に引用されることもある。ヘーゲルは、プロイセン王国を強固に正当化したことから保守主義者と見なされたり、苦悩にあふれるものから陳腐なものまで、あらゆるものに理性を与えたことから極端な合理主義者と見なされたりした。しかし、いっさいの出来事が絶対的必然性のなかにあるというわけではない。

現実的なものと理想的なものとの等価性とは、〔現実世界を〕叙述したものではなく、むしろ〔思考の〕方法を示したものである。思考と現実世界を対立させるのは無益なことであり、現実を合理性にあふれたものと見なすほうが、はるかに有益なことである。これは、現実世界との対立を拒んだり、現実世界を無意味なものとして遠ざけたりする態度を批判している。哲学の務めとは、実在物を必然と偶然の未完成な結合として考えることである。哲学は同時代に対する批判ではなく、思考によって同時代をとらえることである。抽象はただ具象化によってのみ真なるものとなる。したがって、法の哲学が〔社会の〕一般法則に関心を寄せるのは、そうした法則が習俗や、個人および共同体の具体的活動をなしているからにすぎない。ヘーゲルが関心を寄せたのは、法律に含まれる抽象的道徳性や法規定の詳細ではなく、こうした人倫（*Sittlichkeit*）〔各人の主観的な道徳が客観的な法や社会組織となって具体化されたもの〕である。哲学は長いあいだ「あるべきこと」を述べる教訓的言説のなかに逃げていた。いまや哲学に必要なのは、出来事をとらえ、具体的な個人のあいだで交わされる利害や感情の結びつきを把握することである。

ヘーゲルの観念論は、その点でプラトンの観念論に対立する。ヘーゲルによると、真理はイデアの支配する天上界においてではなく、現実界においてこそ、読みとられるべきである。歴史における現在は哲学にとっての唯一の時間である。哲学は、「ミネルヴァのフクロウは黄昏《たそがれ》がやってくるとはじめて飛びはじめる」[2]という言葉にもあるように、起こった出来事についての概念をあとからもたらす。

（1）*Principes de la philosophie du droit*, Préface, Paris, Puf, 2013, p. 129.〔ヘーゲル『法の哲学』序文、藤野渉・赤沢正敏訳、中公クラシックス、上巻、二四頁〕

（2）同書、三〇頁〔訳注〕

＊　＊　＊

「この世のいかなる偉業も情熱なしには達成されなかった[1]」

ヘーゲル（一七七〇～一八三一）

歴史とは、多かれ少なかれ波乱を含んだ一連の出来事ではない。歴史とは、真理が漸進的かつ論理的に成熟をとげる場所である。しかし、こうした真理の成熟は、各人が抽象的価値（善、愛、美徳）を信奉することよりも、むしろ各人の情念や欲望、利害などを媒介として実現される。見かけ上は無秩序な欲望の背後では、理性の支配が、ある種の狡猾さによってなしとげられるのである。

ヘーゲルにおける情熱〔情念〕は、もはや受動性という古典的な意味をもたず、個人の意志のもつきわめて本能に近い活動力、普遍的影響に向かう行動の原因となる個人の特殊な性格を示している。たとえわれわれの行為が利己的で不条理であっても、公共の利益や民衆の運命さえもが、そうした行為によって実現される。なぜならば、活動的なものはつねに個人的であるからだ。歴史は理性的なものであるが、この合理性は情熱のもつ無分別さや激しさによって成り立つ。とはいえ、情熱をもった英雄的な意志は、歴史における一瞬にすぎず、普遍的なものと個別的なもの、自由なものと歴史的なものの統一体である国家の誕生によって乗り越えられる運命にある。

（1）*La Raison dans l'histoire*, 10/18, 1965, p. 108.〔ヘーゲル、序論「歴史における理性とはなにか」『歴史哲学講義』、長谷川宏訳、岩波文庫、上巻、四八頁〕

＊＊＊

「人間は形而上学的な動物である(1)」

ショーペンハウアー（一七八八〜一八六〇）

人間は自分自身や世界について自問する唯一の動物である。もっとも平凡なものに対するこうした驚きこそ、人間の形而上学的な性質を根拠づけるものである。科学はきわめて複雑な現象を研究し、それを既知のことがらに還元しようとするが、哲学は未知のことがらにとどまり、驚異の対象に専念する。それとは逆に、愚かさとは、どんな事物にも原因が内包されているかのように、いっさいを理解したものとし、なにごとにも驚かないことである。しかし、驚きだけでは充分ではない。死の恐怖や、苦痛の経験や、不幸の体験なども、われわれを必然的に形而上学的な人間にするのである。もしわれわれが幸福で永遠不滅の存在であったなら、われわれはけっして疑問を抱くことがないだろうし、いっさいは自明のものとして理解できるであろう。

ショーペンハウアーの哲学が説く基本的真理によれば、人間は自分の意志ではなく、種の意志に従属しており、種の意志は種全体の保存と繁栄に向かうべく、人間において本能的に働く。したがって意志は自由なものではない。意志とは、われわれのうちにありながら、盲目的で特徴をもたないものであり、個性からもっともかけ離れたものである。

（1）*Le Monde comme volonté et comme représentation*, Paris, Puf, 1996, p. 851-852.〔ショーペンハウアー「意志と表象としての世界」続編第二部一七章、塩屋竹男・岩波哲男訳、白水社、『ショーペンハウアー全集』第五巻、二七一頁〕

＊＊＊

「人生は苦悩と退屈のあいだを、振り子のように左右に揺れ動く[1]」

ショーペンハウアー（一七八八〜一八六〇）

人生は思い通りにはならない。われわれは幸福を望んでいるのに、苦労しか味わうことがない。われわれは、失望から〔人生の〕意味を探し求め、人間は幸福になるために存在しているという内心の幻想から目覚めるにいたる。われわれは、自分を不幸にする原因さえなくなれば幸福が味わえるだろうと思う。ところが、苦悩がなくなったときに現われるものは、満足ではなくて退屈であり、幸福の条件は苦悩とともに消える。こうして苦悩と退屈、幸福という幻想と苦痛という現実をたえず行き来すること、これこそが人間という存在の悪循環なのである。哲学や道徳は、われわれの同情心をつちかい、われわれと同じように苦悩と退屈にとらわれた人たちとの連帯を深めてくれる。さらに芸術は、利害を超えたものとして、われわれを欲望や苦悩から超越させてくれる。したがって哲学、道徳、芸術だけが、人生において慰めを見いだすための唯一の手段なのである。

(1) *Ibid.*, p. 394.〔同書、正編第四巻第七五節、斎藤忍随ほか訳、白水社、『ショーペンハウアー全集』第三巻、二四一頁〕

＊　＊　＊

「アメリカは世界中でデカルトの教えをもっとも信奉する国のひとつである」(1)

トクヴィル（一八〇五〜一八五九）

アメリカ人が生まれながらデカルト主義者であるのは、デカルトがフランスの象徴だからというよりも、むしろ民主主義の象徴だからである。ところで、このような政治体制においては、平等が基盤とされているため、個人はなんらかの優位性を特定の集団や慣習に与えず、教育に対して与えることさえも拒む。したがって各人は、自分自身の判断だけに従い、デカルトがそう勧めていたように、自分の精神以外に権威を認めない。こうしてアメリカ合衆国とは、トクヴィルによれば、もっとも哲学を学ぶことのない国でありながらも、理性とその力にもっとも多くの正当性を認める国であり、いかなる外的な助けも借りずに自分自身で理解するために、明晰さや正確さをもっとも強く要求する国なのである。

（1） *De la démocratie en Amérique*, Paris, Flammarion, 1981, I, chap. I, p. 9. 〔トクヴィル『アメリカのデモクラシー』第二巻第一部第一章、松本礼二訳、岩波文庫、第三冊、一八頁〕

＊＊＊

「宗教は民衆のアヘンである」[1]

マルクス（一八一八〜一八八三）

宗教は癒しの力を利用し、来たるべき幸福という空約束をすることで、人びとの意識を眠らせ、真の幸福は現世において成就しなくてはならないという切迫感を取りのぞく。人間が宗教的幻想を捨てるには、こうした幻想が必要とされる世界を変えなければならない。宗教が人間存在のうちに嘆きの谷を見いだすからには、宗教批判はそのような人生観に対する非難でなければならない。共産主義の誕生にはじまる歴史の流れは、現世に価値を与えるべく、来世の価値をおとしめることになる。そうして哲学は、歴史の流れに沿いながら、聖なるものと世俗的なものにおける人間の自己疎外を暴くことを任務とする。「このようにして天国への批判は地上への批判に変わり[2]」、宗教批判は社会批判をともなう。労働条件や生活状況が人間を人間自身から疎外するということがなくなれば、すなわち人間を社会的存在から引き離すということがなくなれば、神への信仰も消えるであろう。しかしながら、信仰が消えたのちに、今度は美しさも癒しの力もない別の束縛が人間を押さえつけるのではないか、ということが問題となる。

（1）*Introduction à la Critique de la philosophie du droit de Hegel*, Paris, Gallimard, 1965, p. 90.〔マルクス『ヘーゲル法哲学批判序説』、中山元訳、光文社古典新訳文庫、一六二頁〕

（2）同書、一六三頁〔訳注〕

＊　＊　＊

「疎外された労働とは、いかなる形をとるのか[1]」

マルクス（一八一八〜一八八三）

労働は自己実現の手段であるどころか、かえって非人間化をもたらすものである。というのも、労働者は、生産手段の独占者である資本家に対して、みずからの労力や手腕を売るように強いられているからだ。労働者の生産物は、生産に必要な条件や手段とともに、みずからの手を離れる。したがって、いかなる労働も強制的なものであり、売春さえも、労働という活動があらわすこうした一般的な身売りの特殊なケースでしかない。われわれの本質や、われわれの意志や欲求は、われわれがおこなう労働とは無関係のものである。われわれはこの労働を、いつかは労働環境という敵対力から解放され、別の環境で生きていけることを目的としておこなっているにすぎない。疎外は資本主義に固有のものではなく、資本主義の極端な形態にすぎない。疎外は搾取ではなくて転倒である。というのも、労働者は生活に必要なだけしか稼がず、ただ〔生活に必要なものを〕所有するためだけにしか生きないことになるからだ。労働者が生みだす富は労働者を貧困にさせ、労働者が稼ぐ賃金は労働者から自分自身を切り離すのである。

そのことから、頭脳労働と肉体労働との乖離という、もうひとつの疎外が生じる。というのも、労働の機械化はあらゆる知性の働きを奪いとるからである。このように引き裂かれた人間にかわって共産主義が実現しようとするのは、「全体的な人間」[2]、すなわち生産過程の支配権を勝ちとり、みずからの適性と生命を取り戻した人間である。そのためには、賃金制度や私有財産制度を廃止し、疎外の形態をなす家族制度や国家や宗教を放棄することが必要となる。

マルクスは、労働が「生命としての直接的欲求」であり、人間にとって本質的ななにかが労働を通して実現されると想定している。こうした考えに対して、われわれは「自由な労働」、すなわち資本主義の生産様式に依存しない労働も、結局のところ人間を引き裂くものにすぎない、と反論することができる。なぜならば、労働そのものが、それが社会機構であるという理由からだけでなく、その本質からしても疎外なのだから。

（1）*Manuscrits de 1844*, Paris, Éditions sociales, 1962, p. 55.〔マルクス『経済学・哲学草稿』第一草稿第四部、長谷川宏訳、光文社古典新訳文庫、九七頁〕

（2）同書、第三草稿第二部、一五二頁〔訳注〕

＊＊＊

「絶望することができるというのは、このうえない長所である[1]」

キェルケゴール（一八一三〜一八五五）

重要な問題は、私がなにを認識できるのかを知ることではなく、私がなにをなしえるのかを知ることである。具体的かつ固有的なる単独者としての私が、それのために生き、死ぬことができるような真理を発見することが重要なのだ。こうした真理の探究は、不安という経験を通してなされるものであり、その経験によって私は、自己のうちに存在しなければならないこと、この自分という存在から逃げ出すことができないことに絶望を抱く。しかし、絶望しなければ、私はもはや自分自身になることはできない。したがって重要なのは、理想の自分になることではなく、絶望することである。というのも、われわれは絶望によってこそ、完全に自分自身となるからである。もし私が天使や獣であったなら、私はそのような経験を味わうことがないであろう。しかし、私は、時間的なものと永遠的なもの〔という対立〕をはらんだ苦悩の存在として、私がこの自分でなければならないことに絶望しながら生きている。これこそが生という致命的な病なのである。

(1) *Traité du désespoir*, Paris, Gallimard, 1988, p. 64.〔キェルケゴール『死に至る病』第一篇A、鈴木祐丞訳、講談社学術文庫、二九頁〕

＊　＊　＊

「おまえは、おまえであるところのものになれ(1)」

ニーチェ（一八四四〜一九〇〇）

この格言を合目的性という点から理解するのは間違いであろう。そうではなくて、目的も意味もない人生、完璧さも真正さも必要としない人生を肯定したにすぎないもの、と理解すべきである。というのも人生への愛は、意味の喪失によって消失するどころか、いっそうはぐくまれ、その結果として運命愛〔自己の運命を積極的に肯定して生きぬこうとする態度〕になるはずである。私は、癒しの力をもつ宗教的な超越概念やなんらかの理想にすがることなく、出来事がかつておこなわれたとおりに、果てしなくくり返されることを望まなければならない。これこそが、みずからの法則や必然性の発見者である、比類ない人間となるための唯一の手段なのである。

（1）*Gai savoir*, Paris, Flammarion, 1992, §270, p. 223.〔ニーチェ『悦ばしき知識』第三書二七〇、信太正三訳、ちくま学芸文庫、二八四頁〕

＊　＊　＊

「神は死んだ(1)」

ニーチェ（一八四四～一九〇〇）

この死亡宣告は、ピンダロス〔前五二二（五一八）～前四四二（四四八）、古代ギリシアの詩人〕、ヘーゲル、あるいはハインリヒ・ハイネ〔一七九七～一八五六、ドイツの作家・詩人〕からの借用とされているが、形而上学の死のみならずプラトン主義的・キリスト教的道徳の死、すなわち真理探究の終焉を意味している。このアフォリズムは、神の存在に対する反証ともいうべきものではあるが、いっさいは失われた神の痕跡であると主張するルターやパスカルなどのキリスト教的見解にも通じる。しかしニーチェの独創性は、神は死んだのちも依然として死んだままであり続ける、と宣言する点にある。神の死は、なんらかの吉報となるのではなく、かつては粉飾され理想化されていた現実、いまは恐ろしく苦しいものとして現われる現実に立ち向かうことを要求する。すなわちそれは、惨事のなかにあっても、偶像（善、真理、愛など）に頼ることも、かといって絶望することもなく、感覚的世界を避けたり拒んだりもせず、感覚的世界に根をおろしたまま、いっさいの意味を喪失した世界において生きるということだ。この作業には、あらゆる価値の価値そのものを検討したうえで文明の系譜を作成すること、すなわち、あらゆる理想の破壊者となることが求められる。というのも宗教は、キリスト教の神とともに死にはしないからだ。宗教は真理への渇望として生き続け、無神論においても巧妙な形態をとりながら生き残る。したがって、現代人にとっての信条（社会主義、進歩史観、科学主義、万人のための幸福など）も、神なき宗教の一形態にすぎないのである。

神が死んだのも、それはみずから招いた報いである。キリスト教は人間を過大評価し、神が人間を救うために死んだと公言することで、キリスト教を終焉へと導くことになった。キリスト教の情け深い神はあまりにも人間的で、余計で、一貫性のない様子をしている。こうしてキリスト教とそのニヒリズム的性質から無神論が生じたのである。

（1） *Ibid.*, §125, p. 161.〔ニーチェ『悦ばしき知識』第三書一二五、前掲訳書、二二〇頁〕

＊　＊　＊

「時間は意識によって生きられるものである[1]」

ベルクソン（一八五九〜一九四一）

ここでの時間とは、時計が刻む時間ではなく、われわれの心的状態における時間のことである。この二つの時間を混同すると、われわれの内面を空間化し、生きられたものではなく、空間的な広がりとして定義することになる。すなわち、意識を物質的なものにおとしめ、まるで意識が物質であるかのように、空間に従属させることになる。ところで、意識を特徴づけるものは持続であるが、持続とは量ではなく強度であり、計測可能な点を並べたものではなく、むしろ旋律のように生き生きとした統一体をなしている。われわれの感情は、多くの不可分な要素から成り立っており、ある感情が別の感情に継起するのではなく、たがいに混じりあっている。われわれの感情を対象物に変え、さまざまな感情を切り離して適切な言葉に結晶させるように強いるのは、われわれの社会的生活である。こうして、私という意識は社会的自我で覆われ、われわれの観念や情動はしっかりと固定され、たがいに区別される。こうした内面活動に対して、その本来の混沌状態を返し与えることができるのは、文学だけなのかもしれない。しかし多くの場合、われわれは数学者のように冷淡な緻密さでもって、個性的な混沌状態をあえて内面活動から取りのぞく。こうしてわれわれは、意識の純粋な内的持続に一致して自己を取り戻すという自由を、ごくまれにしか経験しない。

（1）*Essai sur les données immédiates de la conscience*, Paris, Puf, 2013, p. 74.〔ベルクソン「意識に直接与えられているものについての試論」第三章、竹内信夫訳、白水社、『新訳ベルクソン全集』第一巻、一五〇頁〕

＊　＊　＊

「おかしさとは、
生きて活動するものに貼りつけられた機械的なものである」(1)

ベルクソン（一八五九〜一九四一）

笑いとは、たんなる生理的・社会的現象ではなく、人間の特性を示すがゆえに、哲学にかかわるものである。おかしさは何から生じるのだろうか。それは生身の人間が機械になり、人物が物体と化すことから生じる。おかしさは、身体がもちうる重さや固さといった、物質的側面を明るみにする。われわれは身体が物質性をさらけだすのを笑うが、われわれは多くの場合、活発さや自在さや柔軟さを示すことで、そうした物質性を隠そうとしている。われわれは、身体を知性化して高尚なものにするが、それに対して、おかしさは身体の醜さや、優美さの欠如を暴きだす。こうしてわれわれは、自分こそは自由だと思っている人物の背後に操り人形を見いだすのであり、思いのままに行動できるという感情が消えるとともに、生のまじめさもすっかり崩れ落ちてゆく。われわれが笑うのは、人間がそうした避けられない事態に屈服しているさまなのだ。したがって笑いとは、肉体を魂の墓場とみなすプラトン主義の見解を自然に表現したかたちであり、機械のように執拗で寡黙な身体の愚かしさを、目に見えない魂のエネルギーと対決させたものである。笑うべきものは身体と精神との結びつきなのである。そのような結びつきをわれわれが笑うのも、それが空想の産物にすぎず、本当の生は自動的動作の連続などではないと思いこんでいるからである。さもないと、笑いは辛らつなものとなるはずだ。

（1） *Le Rire*, Paris, Puf, 2007, p. 29.〔ベルクソン「笑い」第一章五部、竹内信夫訳、白水社、『新訳ベルクソン全集』第三巻、四四頁〕

＊　＊　＊

「〔国家とは〕正当な物理的暴力行使を独占する共同体である」[1]

マックス・ヴェーバー（一八六四〜一九二〇）

近代国家はその究極の手段において、物理的暴力という抑圧を例外的に用いることが認められているという点に特徴がある。

暴力の行使権は、歴史の流れとともに個人ないし共同体から剝奪され、そのかわり国家に与えられた。暴力は消えたわけではないが、それ以降、国家以外の集団が暴力に訴えることは不当となる。このことは、国家だけが暴力を占有しているわけではないが、正当な暴力行使を独占するのは国家である、ということを示す。国家の正当性そのものは、暴力の独占――さらには、行政および司法の規定にもとづき、特定の領域でおこなわれる暴力の行使――に直接由来している。国家による支配は制度化されたものであり、家族や企業や教会による支配とは異なる。教会に関して言えば、それは象徴的な暴力を行使するにすぎない。したがって国家とは近代的な支配形態なのである。それならば、暴力は権力と切り離せないのだろうか。ヴェーバーは、万人が悪人であり、わずかな機会でも悪事にふけると想定している点において、マキャヴェッリに通じるのかもしれない。

（1）*Le Savant et le Politique*, Paris, Plon, 1963, p. 124.〔ヴェーバー『職業としての政治』、脇圭平訳、岩波文庫、九頁〕

＊　＊　＊

「自我は自分自身の家の主人ではない[1]」

フロイト（一八五六〜一九三九）

精神分析とは、人間および伝統的な哲学に加えられた痛手である。伝統的な哲学は、人間は自己を意識しているがゆえに自由な存在であると見なす。フロイトは、性欲動の働きがわれわれの内面の抑制を逃れるものであり、心的過程が自我にとって把握しがたいものであると主張することで、主体からその支配権を奪いとった。フロイトは主体をその地位から追い出し、そのかわりに「エス」、すなわちその非道徳的かつ非社会的性質ゆえに抑圧され、意識に帰することができない異質なものを置いた。これこそ意識と自己認識とを結びつけたデカルトの自己同一性をくつがえすものである。自我はこれ以降、たんなる表面効果にすぎないもの、知らぬうちに内面の現象に動かされ、みずからの力で内面の現象を理解することも制御することもできないものと見なされる。したがって、主体はもはや主権者なのではなく、昇華作用[2]や感情転移[3]といった無意識の心的メカニズムに影響を受ける。われわれの行動や思考の原因は、われわれ自身には知られていない。というのも、われわれは意識的かつ理性的な存在ではあるものの、自分の行動や思考の原因ではないからだ。

（1） *L'Inquiétante Étrangeté et autres essais*, Paris, Gallimard, 1985, p. 186.〔フロイト『精神分析学入門』第三部第十八講、懸田克躬訳、中公クラシックス、下巻、七五頁〕
（2） 精神分析学の用語で、性欲動を文化・社会的により価値の高い目標へと置きかえること〔訳注〕
（3） 精神分析学の用語で、過去にある人物に対して抱いていた感情が別の人物に向けられること〔訳注〕

＊＊＊

「語りえないことについては、沈黙するしかない[1]」

ウィトゲンシュタイン（一八八九〜一九五一）

意味内容をもつ命題とは、なんらかの可能性、すなわち起こりうる事態を記した命題のことである。しかしながら、〔直接に〕語ることはできないが、〔間接に〕示すことだけができる命題もある。われわれは人生の意味を語ることはできないが、とりわけ神秘体験によってそれを示すことができる。したがって一方では、実験のデータに単純な説明を加え、論理的分析によって意味が記された、自然科学の命題が存在する。そして他方では、倫理・哲学・宗教の命題が存在する。後者の命題は、なにも記述しておらず、そのため意味内容をもたない。というのも、命題はなんらかの事態を記述するが、それに対して、形而上学や倫理学は価値観を分類するからである。ところで、価値観は世界の外側に、すなわち言語の外側に存在するものである。したがって、あらゆる哲学のうちで最善のものは、沈黙や神秘的瞑想ということになるだろう。

（1）*Tractus logico-philosophicus*, Paris, Gallimard, 1961, p. 177.〔ウィトゲンシュタイン『論理哲学論考』七、野矢茂樹訳、岩波文庫、一四九頁〕

＊＊＊

「現存在《ダーザイン》は死へとかかわる存在である(1)」

ハイデガー（一八八九〜一九七六）

「なぜ何もないのではなく、なにかがあるのか」という問題について考えるものは、現存在（*Dasein*）〔現実に存在する人間〕しかいない。現存在は、世界のうちに投げ入れられ、つねに自分の前にある状況に巻きこまれ、自分にとって気がかりで心配な出来事に心を奪われている。現存在は死へと委ねられており、死はいまだに存在しないものの、現存在に差し迫っている究極的なものである。現存在がその存在を通して死につつあるということは、みずから受けとめなければならない。というのも、死との直面は自己との直面でもあるからだ。現存在が死を運命づけられていることは、現存在が抱く不安において十分明らかになる。この不安とは、恐れでも弱さでもなく、乗り越えることのできないもの、他人に譲り渡すことも分け与えることもできないものに直面することである。

ハイデガーはパスカルの気晴らしというテーマを取りあげながら、次のように述べる。現存在は世間とひとつになり、日常の関心事に埋没することで、「ひと」〔ダス・マン〕という没個性的で無関心な存在へと希薄化し、死すなわち自分自身から逃れている。それに対して、不安のなかに身を置いた現存在は、ふたたび自己に直面し、あらゆる可能態として存在することの自由、自己を選択することの自由を取り戻す。現存在にとって不気味とされるべきものは、不安のなかであらわれるこうした居心地の悪さではなく、日常のくつろいだ安心感なのである。正しく生きるということは、みずからの存在を作りあげるものとしての死に直面することになる。したがってハイデガーの哲学は、いかなる規則も課さずに正しくあることを求めているという点で、ある種の無道徳的な道徳主義なのである。

（1） *Être et Temps*, Paris, Gallimard, 1986, p. 289.〔ハイデガー『存在と時間（三）』第一部第二篇第一章、熊野純彦訳、岩波文庫、七五頁〕

＊　＊　＊

「意識はつねに、なにかについての意識である」(1)

フッサール（一八五九〜一九三八）

意識とは、デカルトの定義では、主体がそれぞれの行為において自己に立ち返るという反省的能力である。それに対して、フッサールによれば、意識とは、つねに自己から外部へと投げ出されるものであり、実在するかどうかにかかわらず、なんらかの対象に向かい、対象を志向するものである。したがって思考するということは、必然的になにかを思考することである。ブレンターノ（一八三八〜一九一七、オーストリアの哲学者・心理学者）がすでに主張していたように、意識はこうした志向性によって定義づけられ、事物は志向性によってなんらかの意味をもつ。意識体験の内部では、主体と客体は切り離されることなく、未分化の状態にある。フッサールは、ある事物が実在するのかという問題を放棄したまま、外界の事象についての思いこみをすべて括弧に入れること（エポケー）を提唱する。この方法によって主体に残るものは、デカルトが主張した「自己意識《コギト》」だけではなく、自己意識の内面にあらわれる現象である。この意識の現象こそ、現象学を構成する要素であり、哲学が記すべきものである。したがって、事象そのものに立ち返ることとは、外界の客観的実在性という問題とは無関係に、意識のなかに存在する外界の姿を再現することにある。というのも、重要なのは対象そのものではなく、対象がどのように意識に与えられるのかという問題だからである。とはいえ、こうした現象の記述は、実験的調査や心理学的研究にかぎられるものではない。事物に意味を与える唯一のもの、すなわち意識へと事物を引き戻しつつも、事物のもつ奇妙さや多様さを維持することに注意しなければならない。

（1） *Méditations cartésiennes*, Paris, Vrin, 1992, §14, p. 64.〔フッサール『デカルト的省察』第二省察一四節、浜渦辰二訳、岩波文庫、六八頁〕

＊＊＊

「人間は自由の刑に処せられている（1）」

サルトル（一九〇五～一九八〇）

自由とは絶対的なものである。選択という義務を逃れる方法はいっさいない。選択しないことさえも選択なのだ。そのため、「われわれはドイツの占領下にあったときほど、自由であったことはなかった」（「沈黙の共和国」『シチュアシオン』第三巻）。じっさい当時のフランス人は、あらゆる政治的側面の外部でも、対独抵抗派《レジスタン》になるか対独協力派《コラボ》になるかという、真の究極の選択に迫られていたのである。自由とは参加であるとともに、（自己からの、そして、実際はわれわれが作為しているのに「客観的」だとされている状況からの）離脱でもある。自由は外部をもたない（いっさいは自由である）し、本質をもたない〔自由はいっさいの恒常的な同一律を示さない〕。人生のそれぞれの瞬間は無からの自己創造である。そのことから、自己であるということは、〔自己と〕一致することではなく、自己を逃れ、いっさいの固定的なアイデンティティをもたないことを意味する。事物はただそのようなものとして存在するが、人間は意識をもったものとして、存在することも存在しないこともできる。人間の実存は、わけもなく「猥雑な裸形のかたまり」(2)として〔ただそこに〕ある。自由であるとは、まさに不安でたまらないことなのだ。それゆえにわれわれは自己欺瞞から、自分に定められた役割〔喫茶店のボーイ、哲学者、ブルジョワなど〕のなかに逃げ、そこに心頼みや安堵を見いだすのである。

サルトルはアウグスティヌスの主張を別の言葉と別の思想に置きかえた。アウグスティヌスによると、人間とは無なる存在であり、無こそが人間の行為の原因と理由なのであるが、サルトルにとって人間存在の無とは、転落ではなく力をあらわすものである。

(1) *L'Être et le Néant*, Paris, Gallimard, 1976, p. 612.〔サルトル『存在と無』第四部第一章三、松浪信三郎訳、ちくま学芸文庫、第三巻、三一二頁〕

(2) サルトル『嘔吐』、鈴木道彦訳、人文書院、二一三頁〔訳注〕

＊　＊　＊

「地獄とは他人のことだ[1]」

サルトル（一九〇五〜一九八〇）

これは『出口なし』の結末の台詞である。この言葉は、神でさえも死刑執行人でさえも、誰ひとりとして人間を救いに来てくれる者はおらず、われわれはたがいを結びつける関係のなかでしか生きることができない、ということを意味している。つまり、いっさいの関係のもつ対立的性質を示しているのではなく、各人のもつ絶対的自由を背理法的に述べているのである。他者はわれわれ自身に対して、われわれの真実の姿を知らせてくれる。われわれが何者であるかという認識は、他者がわれわれに下す判断から得ることができる。地獄にいるということは、こうした外部の視点に依存しながら生きることであり、外部の視点のなかに自己を埋没させ、自己を固定することである。したがってブルジョワ的な快適さは、われわれを生ける屍のようなものに、物の世界に追いやられた骨董品のようなものにする。しかし、われわれが生きている地獄がどんなものであれ、われわれはつねにそこから自由に脱却することができるのであり、あるいは、そこから脱却しないということも、自由に行動することなのである。人間はいかなる場合でも反抗しなければならない。そして、なによりもまず自分自身に対して反抗しなければならない。

（1）*Huis clos*, Paris, Gallimard, 1972.〔サルトル「出口なし」、伊吹武彦訳、人文書院、改訂版『サルトル全集』第八巻、一二六頁〕

＊　＊　＊

「私とは私の身体である(1)」

メルロー＝ポンティ（一九〇八～一九六一）

われわれはみな、多かれ少なかれデカルト主義者であり、身体と精神や、主体と客体を対立させている。とはいえ、われわれは自分の身体を介して、外部と内部、感覚的なものと知的なものが密接に絡みあった両義的な存在のしかたを経験している。運動機能、視覚、性といった身体的機能は、刺激の送り手から受け手へという、たんなる因果関係によって外界に結ばれているのではなく、自発的に外界と結託しているのである。身体は認識の対象ではなく、生の対象であり、私とは私の身体である。私は身体を介して、意味をもった最初の関係を物と結んでいるのである。われわれの肉体は、肉体性と意識、自然と文明との混成した状態を示している。哲学は理想主義でも経験主義でもなく、われわれが知覚し居住している世界について、その意味や本来の仕組みを解き明かすことを義務とする。

（1）*Phénoménologie de la perception*, Paris, Gallimard, 1976, p. 175.〔メルロー＝ポンティ『知覚の現象学』第一巻第一部VI、竹内芳郎・小木貞孝訳、みすず書房、第一巻、三二五頁〕

＊＊＊

「約束の実行に拘束されることがなければ、
われわれは、自分のアイデンティティを維持することができない」(1)

ハンナ・アーレント（一九〇六〜一九七五）

約束のみによって、私は、自分が何者であるかを知るための手段や、自分の行為や思想や願望を統一的なアイデンティティにまとめるための手段を得る。約束によって、私は、現在の自分を未来の自分に結びつけ、ここで約束をする自分とそれを実行する自分とが同一人物であることを証明する。私が自分を主体としてとらえるのは、内省によってでも、他者の視線によってでも、意識によってでもなく、自分の約束を実行するという誓いによってである。約束は私を他者につなぎとめると同時に、私〔の主体性〕を私自身に与える。それがなければ、私は、たんに行為と思想を寄せ集めただけの、断続的で無秩序な存在となるであろう。約束することとそれを実行することは、私個人にかかわる問題である。それは私に、私という人物だけにかかわる問題であり、誰ひとりとして私の代わりに約束したり、約束を実行したりすることはできない。したがって、「私をあてにしてください」ということは、未来の不確かさを回避するための方法であるとともに、認められうる唯一の「私の確実性《コギト》」でもある。人間は、ハイデガーのいうような「死へとかかわる存在」ではなく、みずからのうちに出生という奇跡を秘めた存在であり、みずからの名において活動することで、未来を変革し未来に投企する能力をもっている。

（1）*La Condition de l'homme moderne*, Paris, Calmann-Lévy, 1961, p. 303.〔アレント『人間の条件』第五章三三節、志水速雄訳、ちくま学芸文庫、三七二頁〕

＊　＊　＊

「人間とはつい最近の発明品にすぎない(1)」

ミシェル・フーコー（一九二六〜一九八四）

人間というものは、もっとも懸念される知の問題であり続けたわけではない。人間を問いの対象とすることは、十六世紀後半からヨーロッパで生じ、近代の幕開けをもたらした。それは人文諸科学が発明された時代や、飢餓やペストなどの恐ろしい死の脅威が弱まり、乳幼児の死亡率が減少した時代とも重なる。こうした死の脅威の消失は、いかに人間自身を利用し、いかに人間を検討すべきかという問題にとってかわることになる。すなわち、いかに人間を規律化すべきか、いかに人間の性を管理すべきか、という問題である。そこから進展するのは「人間のテクノロジー」である。人文諸科学は、生活を営み労働し、言語を用いる人間が本性的にいかなる存在であるかということに関心をもたず、人間が生活や労働をいかに思い描き、言葉の意味をいかに表現するかという手法に関心をもつ。人間という概念の誕生をもたらした個々の認識論的条件は、いずれも消滅するであろう。したがって、神の死（一二九ページを参照）に加えるべきものは、意識をもち主権を有する自由な人間の死、なんらかの本質に閉じこめられ、不変のままとされていた人間の死の可能性である。

（1）*Les Mots et les Choses*, Paris, Gallimard, 1966, p. 398.〔フーコー『言葉と物』序文、渡辺一民・佐々木明訳、新潮社、一二二頁〕

＊＊＊

「勤労収入への課税は、強制労働に等しい[1]」

ロバート・ノージック（一九三八〜二〇〇二）

課税組織としての国家は、徒刑場とほとんど変わりはない。富の再配分という理念は、不正であると同時に、個人の自由に対する侵害でもある。それは正義にも倫理にも反するものだ。課税とは窃盗にほかならない。ノージックの主張は二つの主要な議論にもとづいている。それはロックが定義した所有権と、カントが論じた人格の尊厳という議論である。人間はそれぞれの人格をもち、労働は各人の能力を用いたものであるから、あらゆる人間はみずからの労働から生じた財産の所有者である。たとえば、バスケットボールの天才的プレーヤーとされた、ウィルト・チェンバレン（一九三六〜一九九九）の例を挙げてみよう。チェンバレンはその才能のおかげで、幅広い客層を集めることができた。もし百万人の観客が彼の試合を見に来て、それぞれの観客が二五セント支払うとしたら、チェンバレンは二五万ドル稼ぐことができたはずである。それこそが正当な財産移転による収入であり、観客の自由な同意のもとで選手の能力を正しく裏づけた収入である。富をきちんと公平に再配分するのであれば、社会的正義の名において、チェンバレンが稼いだ収入に課税したほうがよいと、人びとは主張する。しかし、各人はみずからの所有者であり、したがって自分の能力がもたらすものの所有者でもある。収入から勝手に何割かを徴収することは、その人の人格を傷つけることになる。不平等と闘うために収税という強制を用いることは、自由の否定であり、所有権の否定でもある。しかも、それは各人をたんなる道具として扱うことであり、自分自身を有し、自己の能力とその所産を有する主体的な人間として扱うことではない。ロールズ〔（ジョン・ロールズ）一九二一〜二〇〇二〕がそうしたように（『正義論』）、国家は富の再配分によって各人における生来の不平等や能力の差異を埋め合わせるべきだと主張することで、人びとは実のところ、収税という強制力を正義に置きかえているのである。恵まれない人たちを助けることは、自発的な行為でなければならず、国家がおこなう強制の結果であってはならないのだ。

(1) *Anarchie, État et Utopie*, Paris, Puf, 2008, p. 211.〔ノージック『アナーキー・国家・ユートピア』、嶋津格訳、木鐸社、二八四頁〕

＊＊＊

「欲望は快楽を規範としない」(1)

ジル・ドゥルーズ(一九二五〜一九九五)

欲望は伝統的に、願望がつねに満たされないこと、すなわち欠如や、ようやく手にした対象に没頭すること、すなわち快楽に結びつけられている。ドゥルーズが立ち向かうのは二つの領域、すなわち〔対象の〕欠如という宗教めいた超越性と、快楽主義という〔欲望の〕やや粗雑な弛緩状態である。欲望は欠如の法則にも、快楽の規範にも従うことがない。というのも、欠如の法則は欲望を断罪すべきもの、満たされないものに変え、快楽の規範は欲望を単純な仕組みにしてしまうからである。欲望とは、それ以前にない現実を生みだすという点で、完全な〔欲望それ自体による〕内在なのである。したがって、欲望は〔欠如の〕埋め合わせでも、要求でもなく、〔欠如から生じる〕幻想でもない。それは欲求〔欠乏状態〕の不在であり、生産活動であり、強度の力であり、速度や運動であり、機械装置とたくらみである。快楽はおそらく感覚の喜びであろうが、欲望の中断であって、欲望の充足ではない。快楽とは、果たし損ねた欲望、消費しつくされ、あちこちに離散した欲望のことである。快楽の崇拝には、欲望に対するある種の恐怖がある。それに対して、宮廷風恋愛の例が示すように、禁欲的修練のあるところには欲望がつねに見いだされ、快楽の不在は欲望の条件そのものとなる。

(1) *Dialogues*, Paris, Flammarion, 1977, p. 119-121.〔ドゥルーズ『対話』第三章第一部、江川隆男・増田靖彦訳、河出文庫、一六六頁〕

＊＊＊

「顔への接近は、ただちに倫理的なものとなる(1)」

エマニュエル・レヴィナス（一九〇六〜一九九五）

他者の顔はただちに「汝殺すことなかれ」という道徳律として、私に差しだされ、あらゆることがらに関して私が自由にふるまうのをきっぱりと止めさせる。顔は他者に向けて私の責任を表明するものであり、あらゆるエゴイズムから私を払いのけ、あらゆる横柄なうぬぼれから私を解放するものである。顔は、他者が私に対してもつ絶対的な優先権を、私に伝えてくれる。顔こそはあらゆる人間的関係の前提をなすものであり、「そうでなければ、われわれは開いているドアの前で、『お先にどうぞ』と言うことさえしないであろう」[2]。私になされるこの提案は、私を唯一無二の存在にする。というのも、ある顔がもたらす呼びかけに対して、私の代わりに答えてくれる人は、だれもいないからだ。

（1）*Éthique et Infini*, Paris, Livre de Poche, 1984, p. 91.〔レヴィナス『倫理と無限』、西山雄二訳、ちくま学芸文庫、一〇六頁〕
（2）同書、一一二頁〔訳注〕

＊＊＊

「〈だれ？〉という問いに答えること、
それは人生という物語を語ることである」[1]

ポール・リクール（一九一三〜二〇〇五）

私とは私が語る内容そのものである。私がだれなのかを知り、私の行動を理解し、その責任を負い、私を未来に投企すること、それは私の人生をひとつの物語にすることである。それは私を、自分の人生の作者であると同時に、読者にも仕立てあげることである。それは私の人生を、独自の全体性に、ひとつの「物語的アイデンティティ」にまとめることである。この「物語的アイデンティティ」は、現実のものであれ虚構のものであれ、ときに矛盾をはらんでいようとも、私がみずから語る物語に応じてたえず再構成されてゆく。この物語は、真実性よりもむしろ想像力に支配されがちではあるが、私がだれなのかを述べるには充分であろう。さらに物語の個別性は、約束のなかに、他人に向ける「私をあてにしてもいいよ」という言葉のなかに表現される。はたして、われわれが何者なのかという問いは、われわれがどう生きるのかという問いに還元することができるのだろうか。私とは私の人生であるが、同時に私の人生は私自身ではない。まさしくそれこそが、あらゆる人生をひとつのドラマにするものであろう。

（1） *Temps et Récit*, t. III, Paris, Seuil, 1985, p. 442.〔リクール『時間と物語Ⅲ』、久米博訳、新曜社、四四八頁〕

＊　＊　＊

「脱構築でないものとはなにか。それはすべてである。
脱構築とはなにか。それはなにものでもない[1]」

ジャック・デリダ（一九三〇〜二〇〇四）

「脱構築」という用語がこれほどの好評を得るだろうとは、デリダ自身も予想していなかった。とりわけアメリカ合衆国において、この用語はまさにひとつの教義上の基軸となった。デリダの本来の意図は、形而上学の伝統的概念を解体しようとする試みを示す、ハイデガーの *Destruktion* あるいは *Abbau* という概念を翻案することであった。それはすなわち、諸々の（言語学的、哲学的、制度的）構造が、いかにして作られ、いかにして存続したのかを検討しつつも、これらの構造を分解し、取り壊すことを意味する。脱構築はひとつの方法ではない。というのも、脱構築のプロセスを逃れ、いっさいの起源となりうる究極の原理はひとつもないからだ。だからこそ脱構築は、いかなる固定的な言説にも似ておらず、いっさいのものと異なっている。かくして二項対立を乗り越えるべく、二項対立がもたらす排除の論理が俎上にのせられる。たとえば、これまで西洋思想は、エクリチュール〔文字言語〕を技巧的なものや非本来的なものと同一視し、それに対してパロール〔音声言語〕を現前性や意識とみなし特権化することで、築きあげられてきた。脱構築は、思考のもつこうした対立的構造を検討し、哲学においても政治においても転覆を訴えかける。

(1) *Psyché. Inventions de l'autre*, Paris, Galilée, 1987, p. 392.〔デリダ「日本人の友への手紙」『プシュケー

他なるものの発明』〕

＊　＊　＊

「映画は哲学のためにつくられた(1)」

スタンリー・カヴェル（一九二六〜二〇一八）

ソクラテスとハリウッドには、どんな関係があるのか。映画は哲学と同じように、世界を映しだし、われわれの道徳的ジレンマや日常の経験を演出したものである。映画は唯一の大衆芸術であるがゆえに、エリート層だけを対象としたものではないが、それでも哲学と同じように、われわれが人生の意味について問うことを可能にしてくれる。映画は、われわれが最善をつくすためにとるべき方法や、われわれの猜疑心をぬぐい去り、世間や人びとを理解するためにとるべき方法を、われわれに示してくれる。というのも映画は、現実や人間を包み隠さずに見せてくれるからである。一方でカヴェルは、「範型」（*exempla*）にもとづいた伝統的なテーマ群をふたたび取りあげながら、映画の限界についても指摘する。たしかにわれわれは、映画を通して自分自身や自分の生活の傍観者となることができるし、それは実際の人生においてはけっしてできないことである。とはいえ、生きるということは習得できないものであり、他者の経験はわれわれにとって何の役にも立たず、そうした経験が美化されているのであれば、なおさら役に立たない、ということも事実である。

（1） *La Protestation des larmes. Le mélodrame de la femme inconnue*, Paris, Capricci Éditions, 2012, p. 10.〔カヴェル『抗議する涙　ハリウッドの知られざる女のメロドラマ』序文〕

＊＊＊

「主体が、みずからについて自覚し、社会において役割を果たすためには、なんらかの承認を必要とする[1]」

アクセル・ホネット（一九四九〜）

われわれは、なによりもまず他者（国家、社会あるいは会社）に認められることで、自分自身になることができるのだ。こうした承認欲求は、財産の再配分や格差の是正、公平な社会の実現よりも不可欠である。社会の機能障害や病は、各人の尊厳が侵害されることから生じる。資本主義は侮蔑の社会なのである。したがって、承認をめぐる闘争は、階級闘争よりも重要なものである。平等の権利という問題はもちろん、自己信頼の基盤をもたらす愛という問題や、自己評価をめぐって成立する連帯という問題も考慮に入れなければならない。社会的関係とは、それ自体のうちに対立を含んだ空間であるが、同時に、各人に対する尊敬も保障されている場でもある。

この承認の概念は、解決できないほどの多くの問題を提起する。私において承認されるべきものはなにか。もしそれが私の性質や能力であるならば、ある種の物象化や絶えざる査定評価におちいりかねない。しかも、評価されることを求めるこの「私」とはなにか。「私」がどれほど空想的で、しかも、どれほど虚構的な存在であるかは、知られている。さらに、こうした承認への渇望は、奴隷の欲望（ニーチェ『善悪の彼岸』）であり、名誉や自立といった貴族的価値の終焉となりかねない。

（1） *Ce que social veut dire*, Paris, Gallimard, 2013, p. 13-14.〔ホネット『社会的関係が意味するもの』序文〕

＊　＊　＊

「人間は理性的な生き物である。というのも、人間の存在そのものが非合理的なのだから」[1]

ハンス・ブルーメンベルク（一九二〇～一九九六）

生きるということは人間にとって当然のことではない。人間は、けっして地上に出現しえなかったかもしれないし、別のヒト科に進化することもありえたかもしれない。人間という存在は、敵対的で冷淡な世界に囲まれ、つねに危険をともなう不安定な状態にある。存在するということは、人間にとってある種の不安であり、それは防御手段もないまま、あらかじめ絶望的な状態で現実に直面しなければならないという不安をあらわす。したがって、人間とは本質的に、身近な文化的世界を自分で作りだす能力、すなわち理性にいっさいを委ねた動物なのである。さらに人間は、慰めを必要とする動物でもある。人間は現実との衝突を和らげたり、避けたり、放棄したり、先延ばしにしたりしなければならない。文化、修辞学、そしてとりわけ隠喩、儀礼や神話、宗教、休息、幻想などは、いずれも存在の過酷さや世界の敵意、われわれの本性の欠陥と距離を置くための手段となる。われわれの諸制度や技術や理性は、人間本来の生物学的な欠陥を補うことを目指した救済プログラムである。われわれの実践的知識と理念は、いずれも逃げ場や隠れ場にすぎないが、それでもわれわれが生存し続けることを手助けしてくれる。したがって人間は、理性的な動物であり、あらゆる慰めの手段を発明して分かちあうことができるものの、いかなる存在意義も生存意義ももっていないがゆえに、慰めようのない動物でもある。

（1）*Description de l'homme*, Paris, Le Cerf, 2011, p. 593.〔ブルーメンベルク『人間の記述』第二部第九章〕

＊　＊　＊

「人間は規律という囲いのなかで暮らす生き物である」(1)

ペーター・スローターダイク（一九四七～）

人間が、現在の自分の姿や理想の自分の姿にたどりつくのは、労働によるのでなければ、道具の製作によるのでもなく、他者との相互関係や宗教を通してでもない。訓練によってこそ、そうした姿になれるのだ。人間は生まれながらに人間なのではなく、人間になるべく自己を訓練するのである。したがって、自己変革はきわめて重要な課題となる。われわれは自己を規律化しなければならない。われわれは、たんにあるがままの自分であり続けることはできない。教育も、スポーツも、芸術活動も、思索も、医療も、すべて人間による人間らしさの育成を目的としたものである。神の死とともに、西洋思想にはびこっていた真理への執着が消えたとしても、人間がより高次の超越的な存在に憧れ、聖なる人物や高貴な人物、勇敢な人物、たくましい人物や学識ある人物を目指して自己形成に向かうということに変わりはない。われわれは規範や規律への服従を必要としており、実はこうした服従こそ、われわれが自由を手にし、自己決定の能力を身につけるための機会となるのである。

（1）*Tu dois changer ta vie*, Paris, Libella-Maren Sell, 2009, p. 159.〔スローターダイク『君は君の生活を変えねばならない』第一部〕

訳者あとがき

本書は、Laurence Devillairs, *Les 100 citations de la philosophie* (Coll. « Que sais-je ? » n° 4016, P.U.F., Paris, 2015) の全訳である。タイトルを直訳すれば「哲学の100の名言」となるだろうが、哲学やキリスト教神学にとどまらず、政治学、経済学、精神分析学など、さまざまな分野を代表する思想家たちの名言が収められていることから、邦題は『思想家たちの100の名言』とした。なお、翻訳にあたっては二〇一七年刊の第二版を用いた。二〇一五年刊の初版も参照したが、第二版の内容と異なる部分はとくに見られなかった。

著者であるロランス・ドゥヴィレール氏は、一九六九年生まれ。高等師範学校で学び、パリ第四大学ソルボンヌ校（現ソルボンヌ大学）で博士号を取得し、現在は出版社に勤務するかたわら、パリのサントル・セーヴル（イエズス会哲学神学大学）やカトリック学院で教鞭をとっている。専門はデカルトをはじめとする西洋近世哲学であり、その研究成果の一端は、昨年邦訳された文庫クセジュの『デカルト』（津崎良典訳、二〇一八年）からもうかがうことができよう。そのほか未邦訳の著書として、おもに以下のものがある。

— *Descartes et la connaissance de Dieu*, Vrin, 2004.（『デカルトと神の認識』）
— *Fénelon. Une Philosophie de l'infini*, Cerf, 2007.（『フェヌロン　無限の哲学』）
— *Guérir la Vie par la philosophie*, Albin Michel, 2017.（『人生を癒す哲学』）
— *Un Bonheur sans mesure*, P.U.F., 2017.（『計り知れない幸福』）

これまでに文庫クセジュでは、「100語でわかる」と題されたさまざまな分野の入門書が刊行されており、いずれも手軽な教養本として親しまれ、幅広い読者の支持を得ている。本書は、そうした「100語でわかる」シリーズと同じように、要点をコンパクトにまとめた解説を特徴としながらも、名言をとっかかりにしたユニークな構成をとっている。

名言といえば、最近は日本だけでなくフランスでも、ちょっとした流行のようである。なにしろ書店では、映画やマンガの名セリフをまとめた本がずらりと並んでいるし、さらにはブログやTwitterといったソーシャルメディアでも、偉人や著名人の発言を集めたものがいくつも存在する。とりわけTwitterは名言の宝庫であり、ことわざやジョークから哲学者の言葉にいたるまで、さまざまなツイート（つぶやき）を目にすることができる。そうした今どきの一般読者にも哲学の面白さが伝わるように、本書では思想家たちの作品から選りすぐられた珠玉の言葉が収められている。読者の方々は、本書冒頭にある名言一覧をざっと拾い読みするだけで、思想家たちの「つぶやき」を眺めているかのような気軽さや親しみやすさを感じることであろう。それはあたかも、ソクラテスの「汝自身を知れ」に同意するかたちで、モンテーニュが「私は何を知っているのか?」と発言し、エピクロスの「死はわれわれにとって何ものでもない」への反論として、ハイデガーが「現存在《ダーザイン》は死へとかかわる存在である」と返答しているようである。

本書では、それぞれの名言にこめられた思想家たちの考えや教えが、時代を追うかたちで紹介されている。西洋思想の流れを概観した本は、すでにあふれるほど存在するが、本書はありきたりの内容だけに終始してはいない。たとえば、たいていの哲学史書が軽視しがちなキリスト教思想ついても、聖句の解説を通して、キリスト教と西洋哲学との接点(無償の愛、意志の不自由、人生の苦悩、理性の行使など)が明るみにされている。また、現代思想についても、フランスの哲学に偏重することなく、自由原理主義《リバタリアニズム》の代表格であるノージック、フランクフルト学派第三世代の旗手とされるホネット、ポストモダニズムの論客として名高いスローターダイクなど、アメリカやドイツの思想家たちもバランスよく取りあげられており、二十一世紀の知的展望をふまえた哲学史書であるといえる。

さらに、本書の特徴のもうひとつは、多角的な視点から哲学をとらえていることである。哲学という学問が扱うテーマは、神の存在、外界の認識、真理の概念、心身の関係など、抽象的な問題にかぎられるのではない。本書を読み進めていけば、さまざまな哲学者たちが、たとえば欲望について(アウグスティヌス、スピノザ、フロイト、ドゥルーズ)、労働について(ロック、アダム・スミス、マルクス、ノージック)、文明社会について(ヴィーコ、ニーチェ、フーコー、ブルーメンベルク)、自由について(ライプニッツ、サルトル、アーレント)、幸福について(ソクラテス、エピクロス、エラスムス、モンテーニュ)

など、人間生活をとりまく多様な問題に関心をもち、それぞれ独自の見解を提示してきたことが理解できるだろう。

このことは、ドゥヴィレール氏がまえがきで述べる哲学の文体という問題にも関係している。哲学者の文章がしばしば難解だと言われるのはなぜであろうか。それは、哲学者が(一般的な作家や記者のように)みずからの経験や思想だけをたんに述べるのではなく、哲学史に蓄積された膨大な思想をくまなく精査しつつ、みずからの思索にも入念な省察を加えたうえで、自身の哲学的見解を述べることを余儀なくされているからである。つまり、哲学者の思考とは(「私」だけの一重的なものではなく)多重的で反省的なものであり、それだけに哲学者の文章もときに複雑なものとならざるをえないのだ。

それにまた、哲学は常識を疑う学問でもある。哲学者たちは、新しい視点や発想をもたらすために、既成概念や社会通念、価値観や思いこみなど、いっさいの思想的前提を打ち破ることを必要とする。世間の常識を揺さぶるためなら、彼らは人びとを驚かせたり、笑わせたり、挑発したりすることも辞さない。そのことは、本書に収められた名言のうちでも、たとえば、自由な生き方を謳歌したディオゲネスの「陽があたらないからどいてくれ」、現世のむなしさを説いたボエティウスの「人間は酔っ払いのように、どの道を通ったら家に帰れるのかを知らない」、主情主義を唱えたヒュームの「自分の指にひっかき傷をつけるよりも、全世界が破壊されるほうを望んだとしても、理性に反することではない」などの言葉を読めば、お分かりいただけるであろう。哲学者たちはけっして大まじめで堅苦しい人物ではない。彼らはユーモアや皮肉を心得た人物であり、軽妙な語りで読者を思索の世界へと誘い込むこともできるのだ。さらに本書では、ドゥヴィレール氏の含蓄ある解説やウィットに富んだ語り口が、思想家たちの教えや言葉をいっそう味わい深いものにしている。

翻訳に際しては、なるべく平易で分かりやすい訳文にすることを心がけた。そのため、一般読者にとって難解な哲学用語や理解しにくい記述については、訳注や補足を加えることにした。また、原著においては出典が明記されていない引用文についても、出典を調べたうえで書誌情報を訳注に記しておいたが、これらの書誌情報は哲学をいっそう深く知るための文献案内として役立つはずである。本書をきっかけに、読者の方々が哲学の幅広さや奥深さに興味を覚え、ひいては思想家たちの著書をじかに読むことになれば、訳者として幸いである。

最後に、本書の翻訳作業にあたっては、白水社の小川弓枝さんにたいへんお世話になった。この場を借りて深く感謝の意を表したい。

二〇一九年一月

久保田　剛史

人名索引

ア行

カ行

サ行

タ行

訳者略歴
久保田剛史（くぼた・たけし）
1974年生まれ
東京大学大学院人文社会系研究科博士課程単位取得退学
ボルドー第三大学文学部博士課程修了（文学博士）
ボルドー第三大学外国語（LE, LEA）学部助教（ATER）を経て、
現在、青山学院大学文学部教授
主要著書
Montaigne lecteur de la Cité de Dieu *d'Augustin*（単著、Honoré Champion）
『キリスト教と寛容　中近世の日本とヨーロッパ』（共著、慶應義塾大学出版会）
主要訳書
アラン・ヴィアラ『作家の誕生』（共訳、藤原書店）

文庫クセジュ　Q 1027
思想家たちの100の名言

2019年4月1日　印刷
2019年4月25日　発行
著　者　ロランス・ドヴィレール
訳　者 ©　久保田剛史
発行者　及川直志
印刷・製本　株式会社平河工業社
発行所　株式会社白水社
東京都千代田区神田小川町3の24
電話 営業部 03(3291)7811 / 編集部 03(3291)7821
振替 00190-5-33228
郵便番号 101-0052
www.hakusuisha.co.jp

乱丁・落丁本は，送料小社負担にてお取り替えいたします．
ISBN978-4-560-51027-8
Printed in Japan

文庫クセジュ

哲学・心理学・宗教

114 プロテスタントの歴史
193 哲学入門
199 秘密結社
252 神秘主義
326 プラトン
342 ギリシアの神託
355 インドの哲学
362 ヨーロッパ中世の哲学
368 原始キリスト教
417 デカルトと合理主義
461 新しい児童心理学
474 無神論
487 ソクラテス以前の哲学
500 マルクス以後のマルクス主義
510 ギリシアの政治思想
535 占星術
542 ヘーゲル哲学
546 異端審問
558 伝説の国
576 キリスト教思想
592 秘儀伝授
594 ヨーガ
680 ドイツ哲学史
708 死海写本
722 薔薇十字団
733 死後の世界
738 医の倫理
739 心霊主義
751 ことばの心理学
754 パスカルの哲学
763 エゾテリスム思想
764 認知神経心理学
773 エピステモロジー
778 フリーメーソン
780 超心理学
789 ロシア・ソヴィエト哲学史
793 フランス宗教史
802 ミシェル・フーコー
807 ドイツ古典哲学
835 セネカ
848 マニ教
862 ソフィスト列伝
866 透視術
874 コミュニケーションの美学
880 芸術療法入門
892 新約聖書入門
900 サルトル
905 キリスト教シンボル事典
909 カトリシスムとは何か
910 宗教社会学入門
914 子どものコミュニケーション障害
931 フェティシズム
941 コーラン
944 哲学
954 性倒錯
956 西洋哲学史
960 カンギレム
961 喪の悲しみ
968 プラトンの哲学

文庫クセジュ

973 100の神話で身につく一般教養
977 100語でわかるセクシュアリティ
978 ラカン
983 児童精神医学
987 ケアの倫理
989 十九世紀フランス哲学
990 レヴィ＝ストロース
992 ポール・リクール
996 セクトの宗教社会学
997 100語でわかるマルクス主義
999 宗教哲学
1000 イエス
1002 美学への手引き
1003 唯物論
1009 レジリエンス
1015 100語でわかる子ども
1018 聖なるもの
1019 ギリシア神話シンボル事典
1020 家族の秘密
1021 解釈学

文庫クセジュ

芸術・趣味